よくわかる外国人雇用マニュアル

新設の育成就労制度の概要

山田 真由子

目次

第1章　外国人労働者の最新動向

第2章　外国人労働者を雇う準備（言葉の壁などを取り払う）

第3章 外国人労働者に関する新制度の現状概要

第4章 外国人労働者を雇うための受け入れ体制・手続きなど

第5章 外国人労働者受け入れのメリット

第6章　企業や登録支援機関、外国人労働者などの声

第1章　外国人労働者の最新動向

1　世界の外国人労働者市場の動向

２０２４年の「世界移住報告書」（World Imigration Report 2024）によると、世界には現在2億８１００万人の国際移民が存在しています。また、紛争、暴力、自然災害などにより1億１７００万人という記録的な数の人々が避難を余儀なくされています。

アメリカは最も多くの国際移民を受け入れている国であり、２０２０年の移民数は約５１００万人、次いでドイツが約１５８０万人、サウジアラビアが約１３５０万人と続いています（図1―1）。

また、中東のいくつかの国では移民の割合が非常に高く、アラブ首長国連邦では93・9％、カタールでは80・6％、クウェートでは71・3％を占めています（図1―2）。

このような移住の動きは、経済成長と社会発展の重

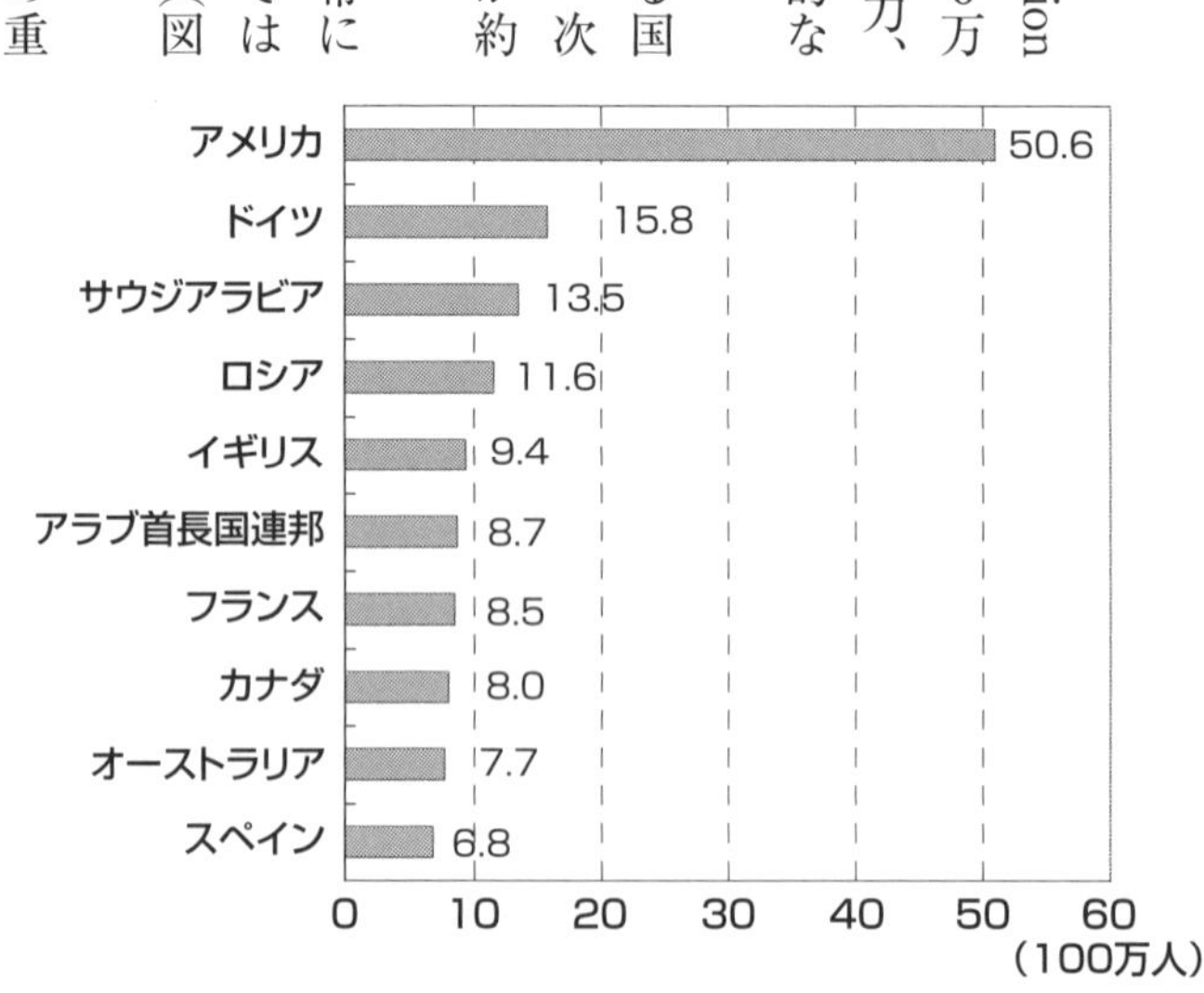

図 1-1　各国の移民受け入れ状況

要な推進力となっています。しかし、紛争や気候変動などの影響により避難を余儀なくされる人々の増加や、移民の受け入れ先での社会的・経済的な統合の困難さ、移民労働者の権利保護の不足など、さまざまな課題も抱えています。

日本への国際移民の実態については、第４回技能実習制度および特定技能制度の在り方に関する有識者会議の「国際労働移動の実態、及びメカニズムについて」のなかで、是川夕氏（国立社会保障・人口問題研究所・国際関係部長・社会学博士）が、日本がアジアからの移住者の最大の受け入れ国であることを強調しました。質的な改善だけでなく、量的な拡大を前提とした制度設計が必要であると指摘し、「選ばれる国」となるための具体的な戦略を提案しました。これは、日本の競争力を高めるための重要な指摘です。今後、人手不足はさらに深刻になるため、ますます外国人労働者に頼らざるを得ない状

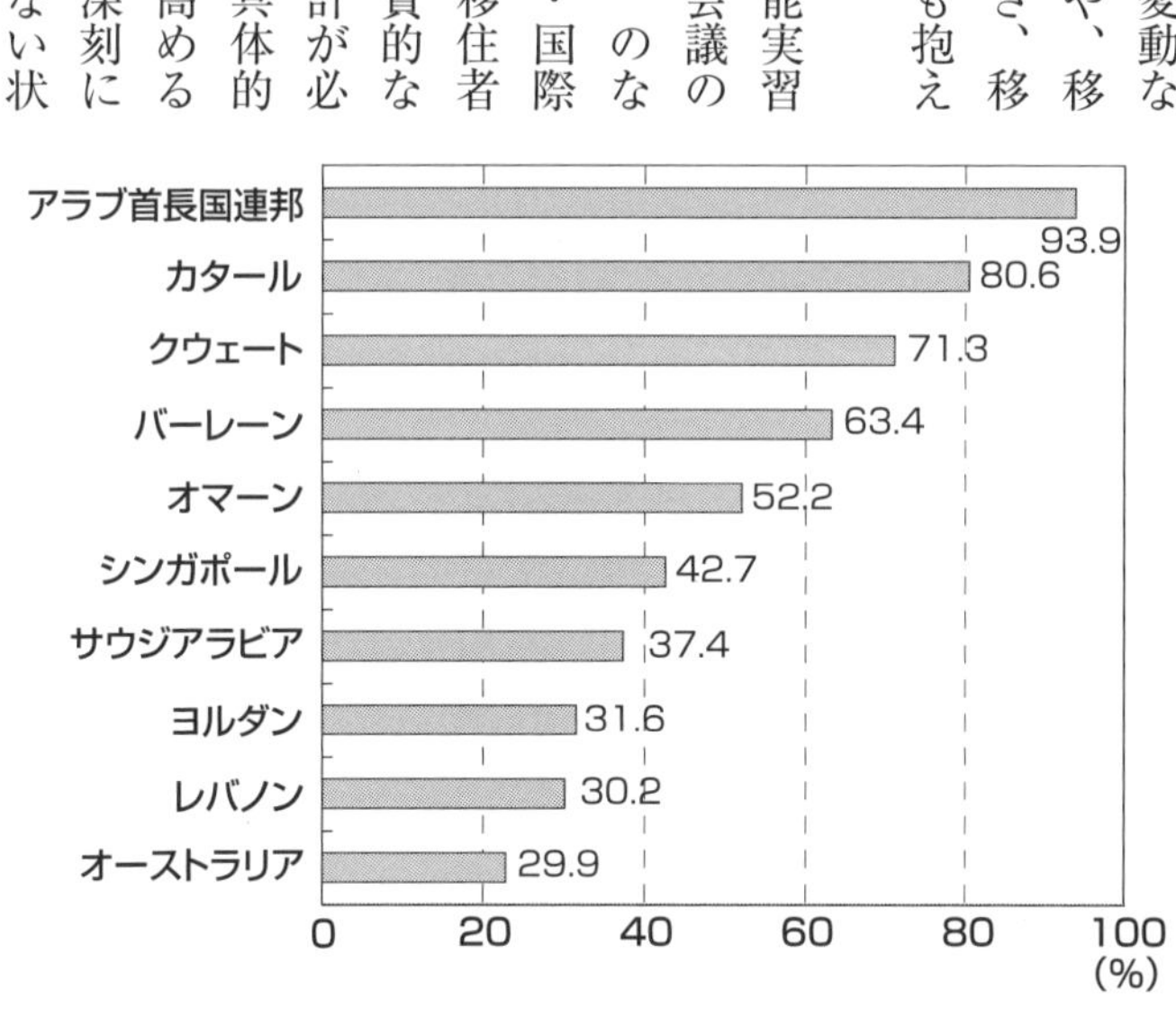

図 1-2　各国の移民の割合

況になるでしょう。

2　日本における外国人労働者の現状

日本における外国人雇用の現状は、厚生労働省が発表している『「外国人雇用状況」の届出状況まとめ（令和5年10月末現在）』によって、把握することができます。

これは、外国人労働者の雇い入れ・離職時にハローワークへ届け出る「外国人雇用状況の届出制度」の届出状況を取りまとめたもので、厚生労働省が定期的にデータを公表しています。以下は、2023（令和5）年10月末現在の内容を抜粋し、最近の外国人労働者の現状についてまとめたものです。

①外国人労働者を雇用している事業所および外国人労働者の状況

2023年10月末現在、外国人労働者数は204万8675人で前年比22万5950人の増加となり、届出が義務化された2007年以降過去最高を更新し、対前年増加率は12・4％と前年の5・5％から6・9ポイント上昇しました。

外国人を雇用する事業所数は31万8775所で、前年比1万9985所の増加となり、届出義務化以降過去最高を更新し、対前年増加率は6・7％と前年の4・8％から1・9ポイント上昇しました。

②外国人労働者の属性

外国人労働者を国籍別でみると、ベトナムが最も多く51万８３６４人（外国人労働者数全体の25・３％）、次いで中国の39万７９１８人（同19・４％）、フィリピンの22万６８４６人（同11・１％）の順となっています（図１―３）。

対前年増加率が大きい主要３か国をみると、インドネシアが56・０％（４万３６１８人）増加、ミャンマーが49・９％（２万３６９０人）増加、ネパールが23・２％（２万７３９１人）増加となっています。

日本での就労は、これらの国の人々に経済的な安定とキャリア向上の機会を提供しています。また、送金によって家族の生活を支えることができるため、日本での就労は魅力的です。ミャンマーでは、政治的・社会的な不安定さが続くなかで、より安定した生活と収入を求めて日本を選ぶ人々が増えています。

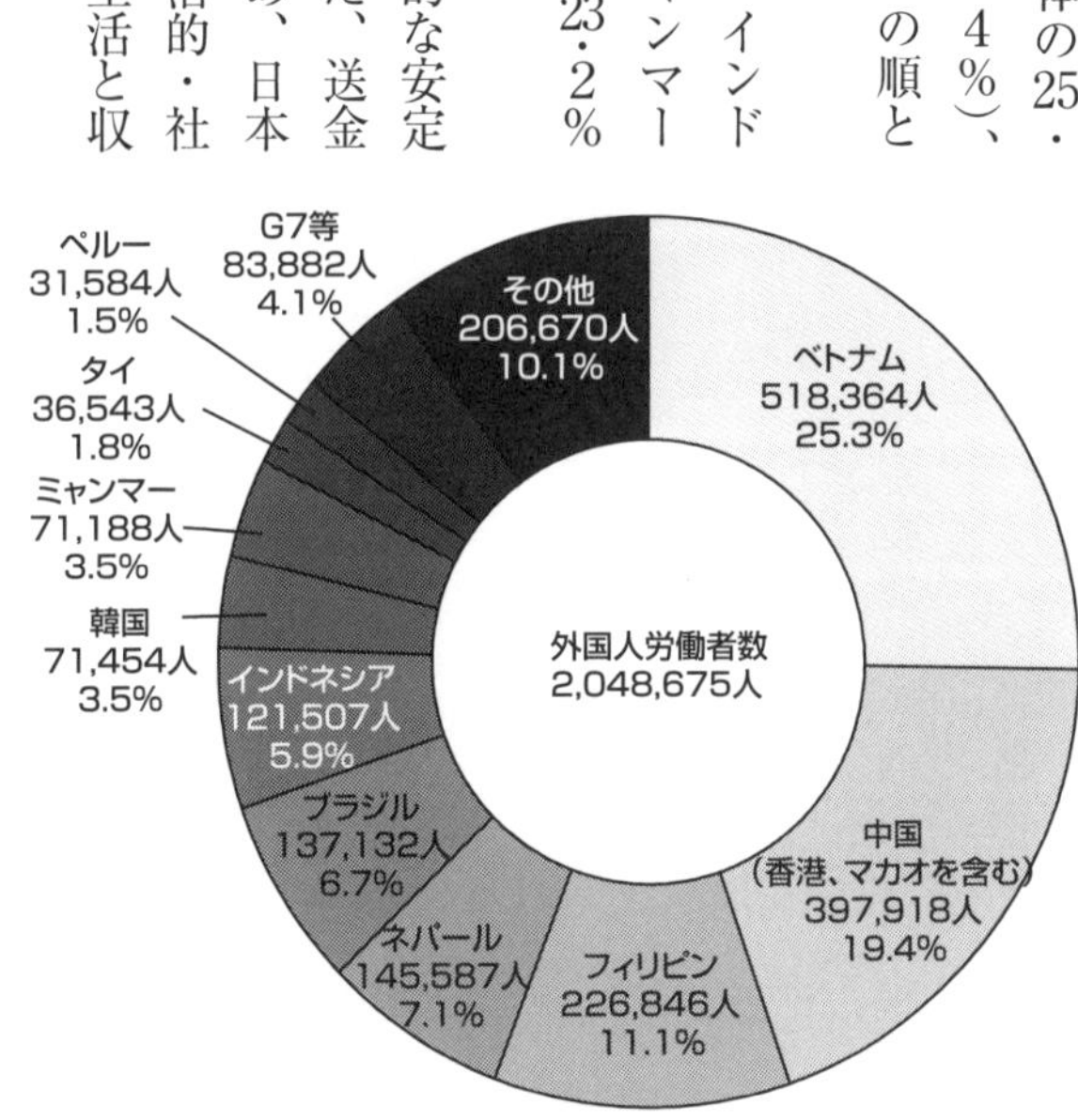

図 1-3　国籍別外国人労働者の割合

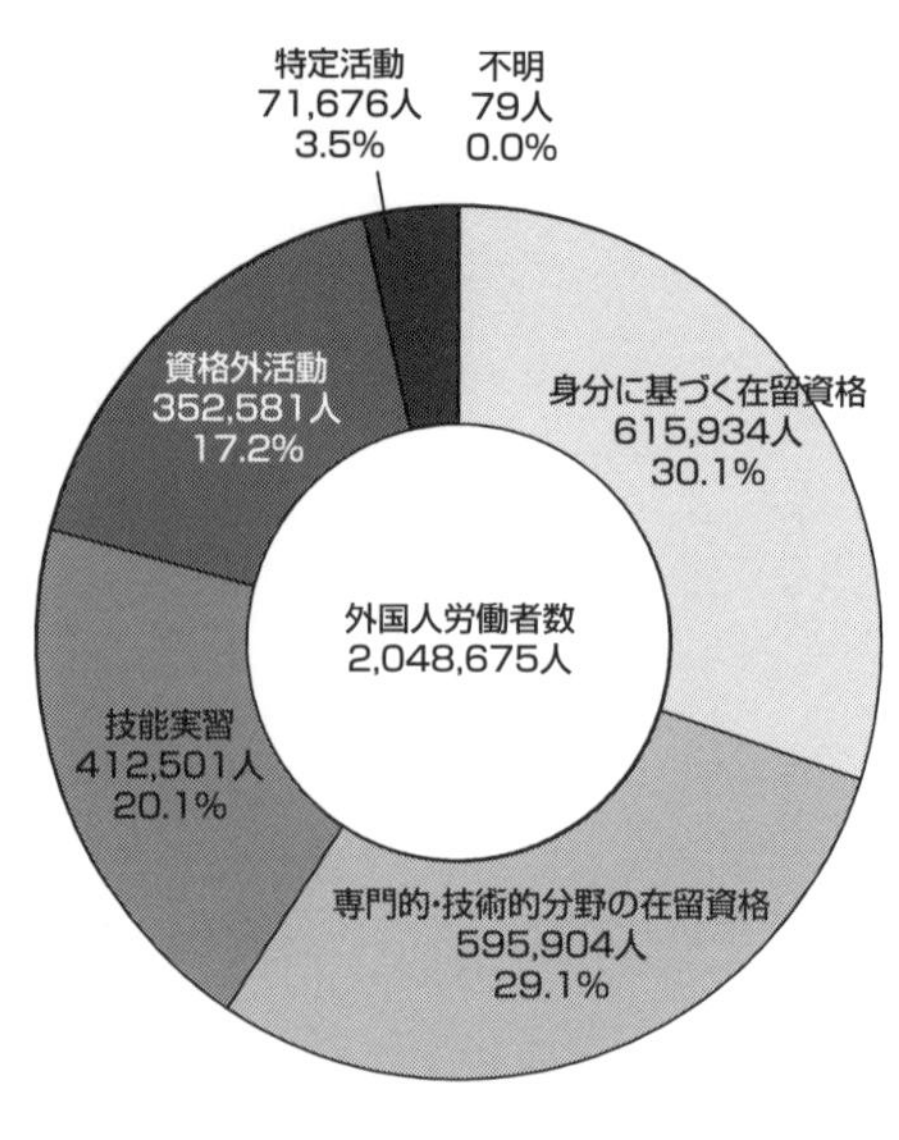

図 1-4　在留資格別外国人労働者の割合

外国人労働者数を在留資格別にみると、「身分に基づく在留資格」が最も多く61万5934人（外国人労働者数全体の30・1％）であり、次いで、「専門的・技術的分野の在留資格」が59万5904人（同29・1％）、「技能実習」が41万2501人（同20・1％）となっています。前年比では「専門的・技術的分野の在留資格」が11万5955人（24・2％）増加し、「技能実習」は6万9247人（20・2％）、「資格外活動」は2万1671人（6・5％）増加しています。

なお、「専門的・技術的分野の在留資格」のうち、「特定技能」の外国人労働者数は13万8518人（前年比で5万9464人（75・2％）増加）となっています（図1－4）。

③産業別にみた外国人雇用事業所の特性

外国人労働者数の産業別の就労割合をみると、「製造業」が27・0％、「サービス業（他に分類されないもの）」が15・7％、「卸売業、小売業」が12・9％となっています。慢性的な人手不足の産業において、外国人労働者は不可欠な存在となっています（図1―5）。

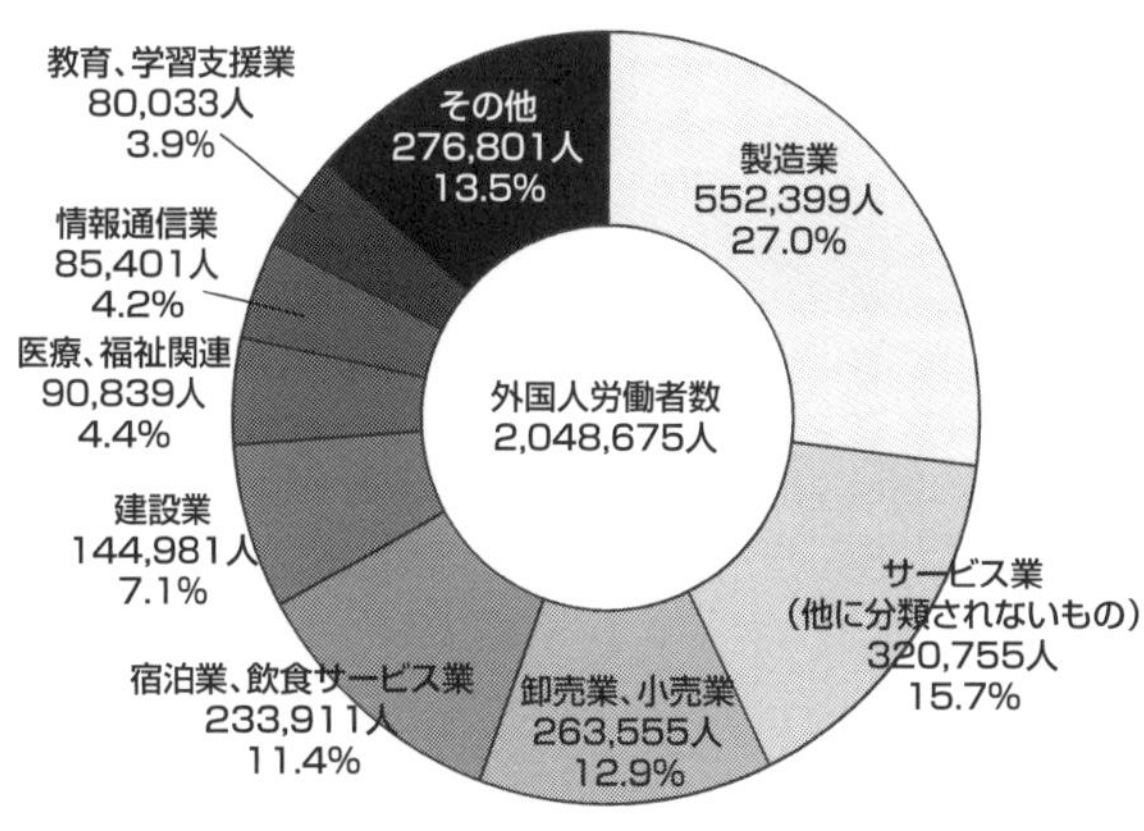

図 1-5　産業別外国人労働者の割合

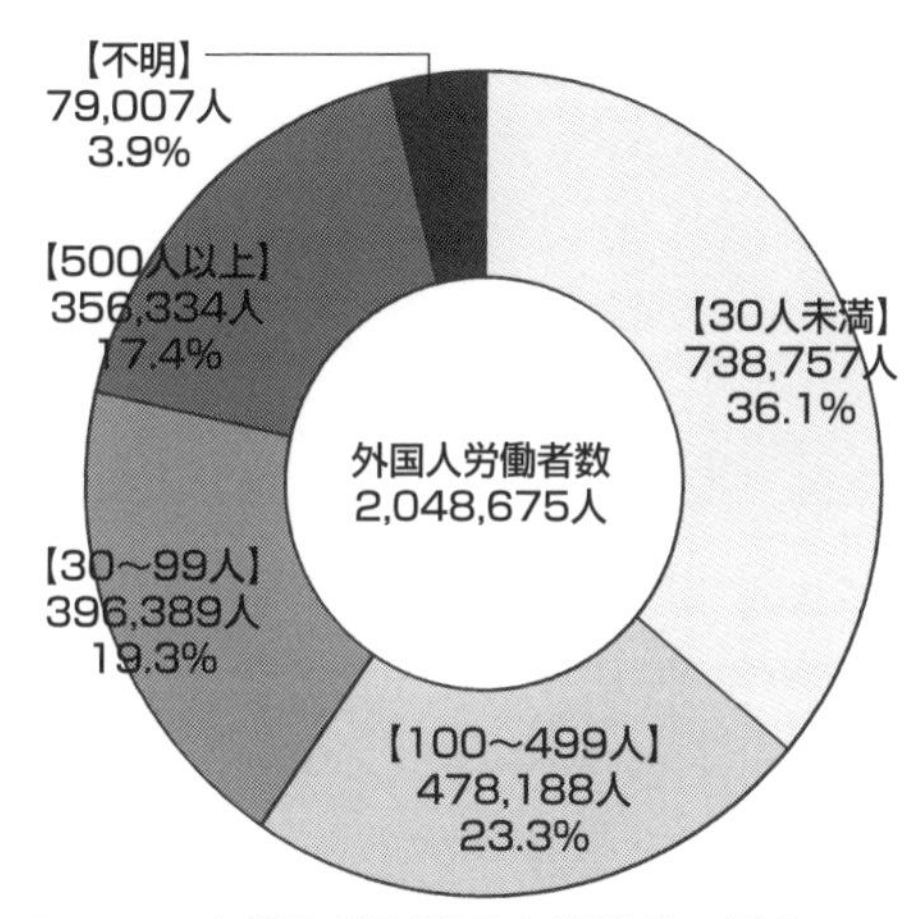

図 1-6　事業規模別外国人労働者の割合

④事業所規模別外国人労働者の特性

外国人労働者数を事業所規模別にみると、「30人未満」規模の事業所で就労する者が最も多く、外国人労働者数全体の

36・1％となっています。外国人労働者は、小規模企業の人手不足を補うための重要なリソースとなっていることがわかります（図1―6）。

⑤都道府県別にみた外国人労働者数

外国人労働者数を都道府県別にみると、東京都が54万2992人（外国人労働者数全体の26・5％）、次いで、愛知県の21万0159人（同10・3％）、大阪府の14万6384人（同7・1％）となっています。また、都道府県別の対前年増加率をみると、青森県が28・7％、北海道が27・4％、秋田県が26・5％となっています。経済的に中心的な役割を持つ地域だけでなく、人口減少が加速する地域でも外国人労働者の人数が増えていることがわかります。

⑥都道府県別にみた外国人雇用事業所数

外国人を雇用する事業所数を都道府県別にみると、東京都が7万9707所（外国人を雇用する事業所数全体の25・0％）、次いで、大阪府が2万5450所（同8・0％）、愛知県が2万5225所（同7・9％）となっています。また、都道府県別の対前年増加率をみると、長崎県が14・2％、佐賀県が13・6％、熊本県が12・2％となっています。九州地域では、外国人雇用の事業所数の増加傾向がみられます。

３　特定技能の申請状況

２０１９年６月に特定技能制度が開始されて以来、特にコロナ禍以降、特定技能ビザを取得する外国人の数が急増しています。２０２３年12月末時点で、日本にいる特定技能外国人は約20万８４６２人に達しています。分野別にみると、飲食料品製造業が最も多く、２０２３年末時点で６万１０９５人の外国人が在留しています。また、２０２４年３月29日、各分野の人手不足状況などを踏まえ、２０２４年４月から５年間の受け入れ見込み数を設定しました。次の項で詳しく説明します。今後、特定技能の人数がますます増加することでしょう。

４　特定技能の対象分野の拡大と受け入れ見込み数の再設定

２０２４年３月29日の閣議決定により、特定技能制度の運用に関する方針が変更されました。大きな変更点は、「特定技能の対象分野の拡大」「受け入れ見込み数の再設定」の二つです。

特定技能の対象分野については、現時点では、12分野から16分野に増えました。追加されたのは、自動車運送業、鉄道、林業、木材産業の四つの分野です。詳しくは、図１―７をご覧ください。育成就労制度の導入にあわせた分野追加などは別途検討される予定です。

また、受け入れ見込み数は、新しい分野も含めた2024年4月からの数が新しく設定されており、具体的な人数は表1―1のとおりとなっています。表1―1から、特定技能生の受け入れ見込み数がかなり増加していることがわかります。今後も引き続き活躍の場が広がるでしょう。

5　技能実習制度の最新動向

出入国在留管理庁の「令和5年末現在における在留外国人数について」によると、在留資格別では、「永住者」が最も多く、次いで「技能実習」「技術・人文知識・国際業務」「留学」「特別永住者」と続いています。

技能実習生の労働環境については、改善が進んでいるものの、依然として劣悪な環境や過酷な労働条件に晒されるケースが報告されています。そこで、

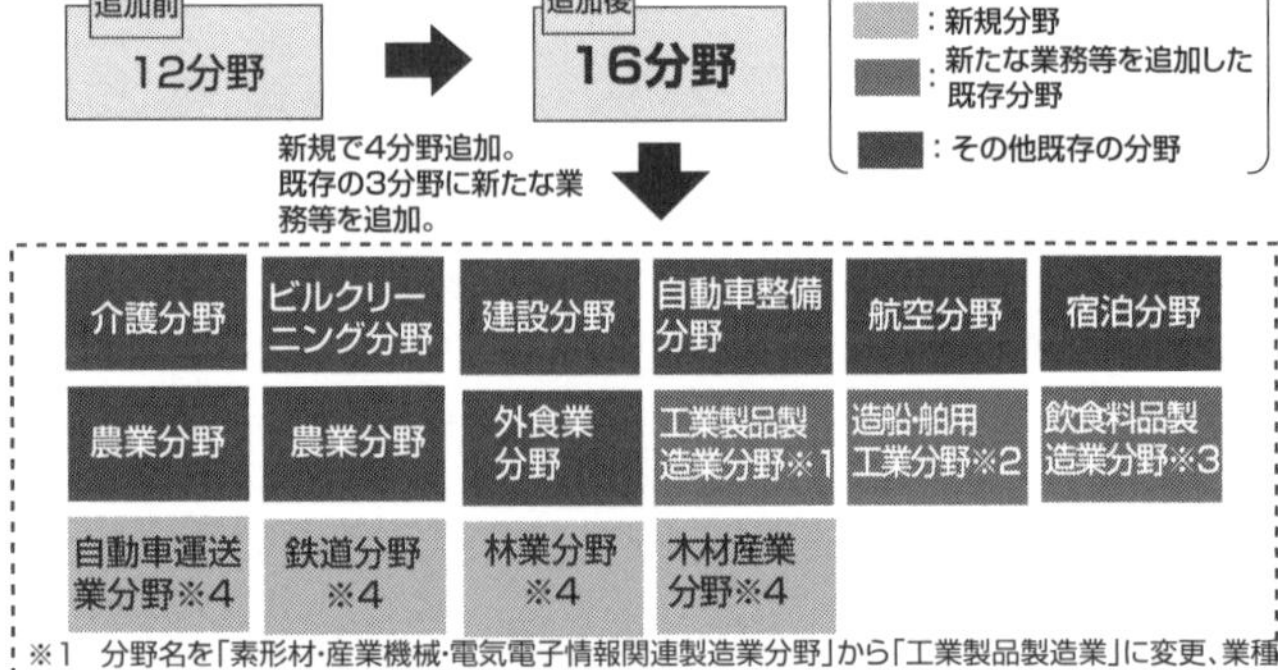

図 1-7　対象分野追加の概要

今回の改正では技能実習を段階的に廃止し、育成就労に移行していきます。

６　外国人労働者の賃金動向

厚生労働省の『令和５年賃金構造基本統計調査』によると、外国人労働者の２０２３年の平均賃金は２３２・６千円で、在留資格区分別にみると、専門的・技術的分野（特定技能を除く）２９６・７千円、特定技能１９８・０千円、身分に基づくもの２６４・８千円、技能実習１８１・７千円、その他（特定活動および留学以外の資格外活動）２３１・３千円となっています（表１―２）。

表 1-1　分野と見込み数・在留者数

分野／ 見込み数・在留者数	2023年12月末時点の特定技能１号在留者数	2024年３月時点の受け入れ見込み数	2024年４月からの５年間の受け入れ見込み数
介護分野	28,400	50,900	135,000
ビルクリーニング分野	3,520	20,000	37,000
工業製品製造業分野	40,069	49,750	173,300
建設分野	24,433	34,000	80,000
造船・舶用工業分野	7,514	11,000	36,000
自動車整備分野	2,519	6,500	10,000
航空分野	632	1,300	4,400
宿泊分野	401	11,200	23,000
農業分野	23,861	36,500	78,000
漁業分野	2,669	6,300	17,000
飲食料品製造業分野	61,095	87,200	139,000
外食業分野	13,312	30,500	53,000
自動車運送業分野			24,500
鉄道分野			3,800
林業分野			1,000
木材産業分野			5,000

同年の日本人従業員の賃金は、男女計318・3千円、男性350・9千円、女性262・6千円となっています。また、新規学卒者の賃金を学歴別にみると、男女計で高校186・8千円、専門学校214・5千円、高専・短大214・6千円、大学237・3千円、大学院276・0千円となっています。

技能実習や特定技能の賃金は、新卒高卒者の賃金とほぼ同じレベルということがわかります。

7 外国人労働者の帰国後の状況

外国人労働者の帰国の理由は日本での滞在期間終了、雇用契約の満了、家族の看護や世話などの家族の事情、新たなキャリアを求めてなどさまざまな理由が考えられます。

「ベトナム国産業人材育成分野における情報収集・確認調査（2022年）」によると、帰国後に就労したベトナ

表 1-2 外国人労働者の在留資格区分別賃金および対前年比率（2023 年）

在留資格区分	賃金（千円）	対前年増減率（%）	年齢（歳）	勤続年数（年）
外国人労働者計	232.6	−6.4	33.0	3.2
専門的・技術的分野（特定技能を除く）	296.7	−1.0	31.8	3.0
特定技能	198.0	−3.7	28.9	2.4
身分に基づくもの	264.8	−5.7	44.7	5.7
技能実習	181.7	2.2	26.2	1.7
その他（特定活動および留学以外の資格外活動）	231.3	4.7	30.8	2.5

ム人技能実習生の割合は26・7％で、中国、タイ、フィリピンの50％以上と比べて低くなっています。ベトナム人の場合、「その他」との回答が48％と多く、「求職中」が22・7％です。この数字から、技能実習の継続準備、日本への再就労、進学の準備をしていると考えることができます。技能実習生は、一般的に日本のＦＤＩ企業（Foreign Direct Investment（外国直接投資）企業）や日系企業で働く機会があると考えられますが、実際には低い割合にとどまっています。

また、ベトナム人技能実習生は帰国後、日本での実習分野と同じ職種に就く割合が他国と比べて低くなっています。日本語スキルや実習経験を活かして、営業、海外労働派遣コンサルティング、語学指導などの職に就いたり、貯蓄資金で小規模ビジネスを立ち上げる割合が多くなっています。これは、技能実習制度の目的である技能・技術移転が十分に果たせていない状況であるといえます。

８　外国人労働者の満足度

ＡＳＩＡ to ＪＡＰＡＮの「日本で働く外国人材が抱く不満・ストレス」調査によると、「日本人の上司や先輩、取引先とのコミュニケーション」「身近に相談できる相手がいない」「給与水準が低い」などの事由により、外国人労働者は不満やストレスをためています。言葉の壁だけでなく、日本の組織文化に対する理解不足がストレスになっています（図１―８）。

一方、「特になし」と回答した方も多いことから、日本人が思うより、不満は少ないとも考えられます。

職場環境がよい企業は、満足度が高いといえるでしょう。一方、そうでない企業は、職場環境を改善しないと、満足度が低く、離職率が高くなります。やはり、各企業における職場環境が大きく影響するものと考えられます。

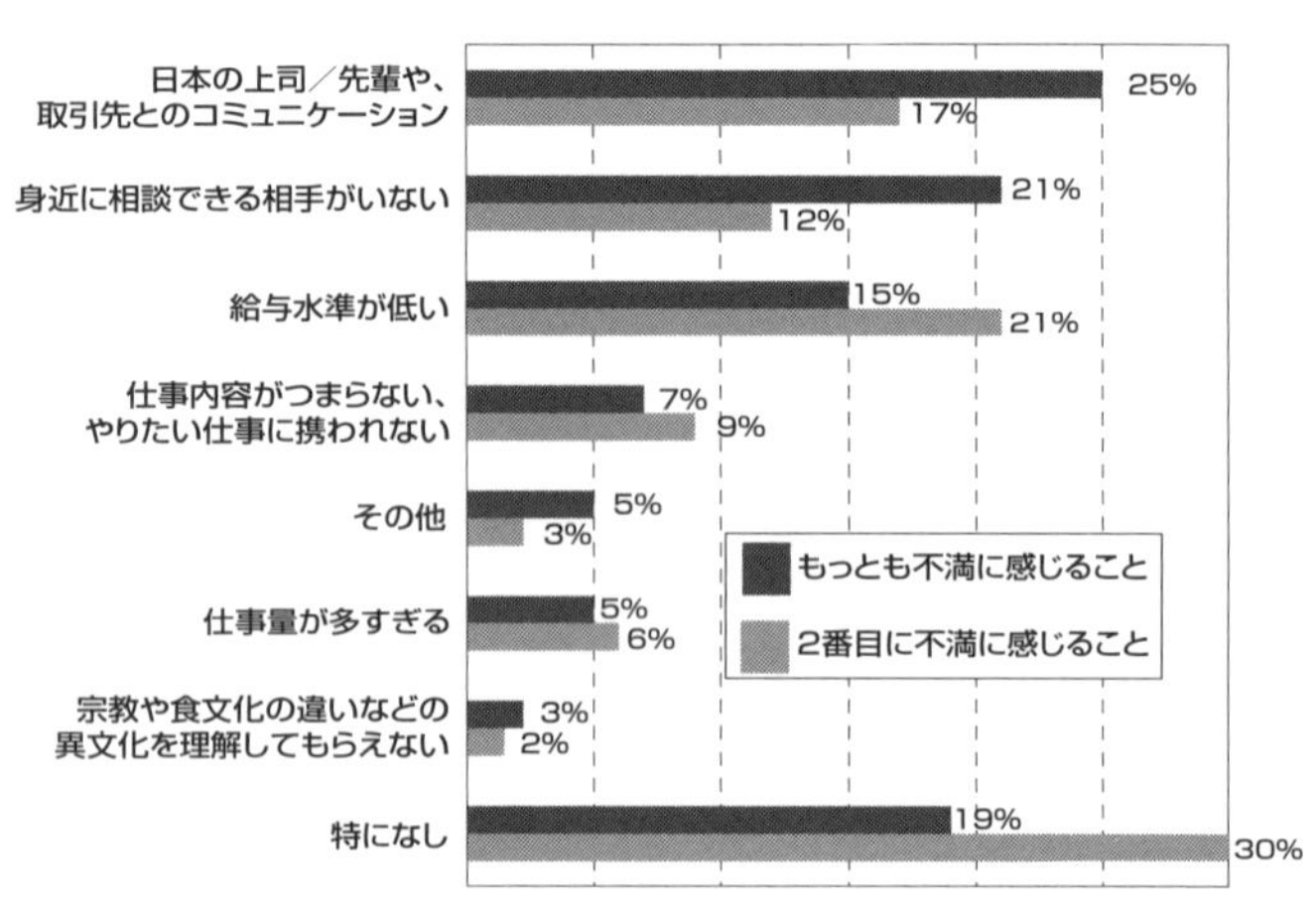

図 1-8　日本で働いてみて不満に思ったこと・ストレスを感じたこと

コラム① 外国人労働者に関する問題点

問題① 低賃金（円安、経済停滞などによる影響）

日本における外国人労働者の賃金は、しばしば低水準に留まっています。これには二つの要因があります。一つめの要因は、日本の経済は長期的な停滞に直面しており、それにともなって賃金の上昇も鈍化しています。二つめの要因は、為替レートの変動により、円安が進行しており、外国人労働者の母国通貨に換算した実質所得が減少していることです。これにより、送金額が減り、家族の生活にも影響を及ぼすことがあります。先日、知りあいのお子さんがオーストラリアにワーキングホリデーに行きました。彼は「ちょっとしたホットドッグが1500円ぐらいする」とこぼしていました。このように物価は高いのですが、その分、オーストラリアの最低賃金は、東京のほぼ2倍です。

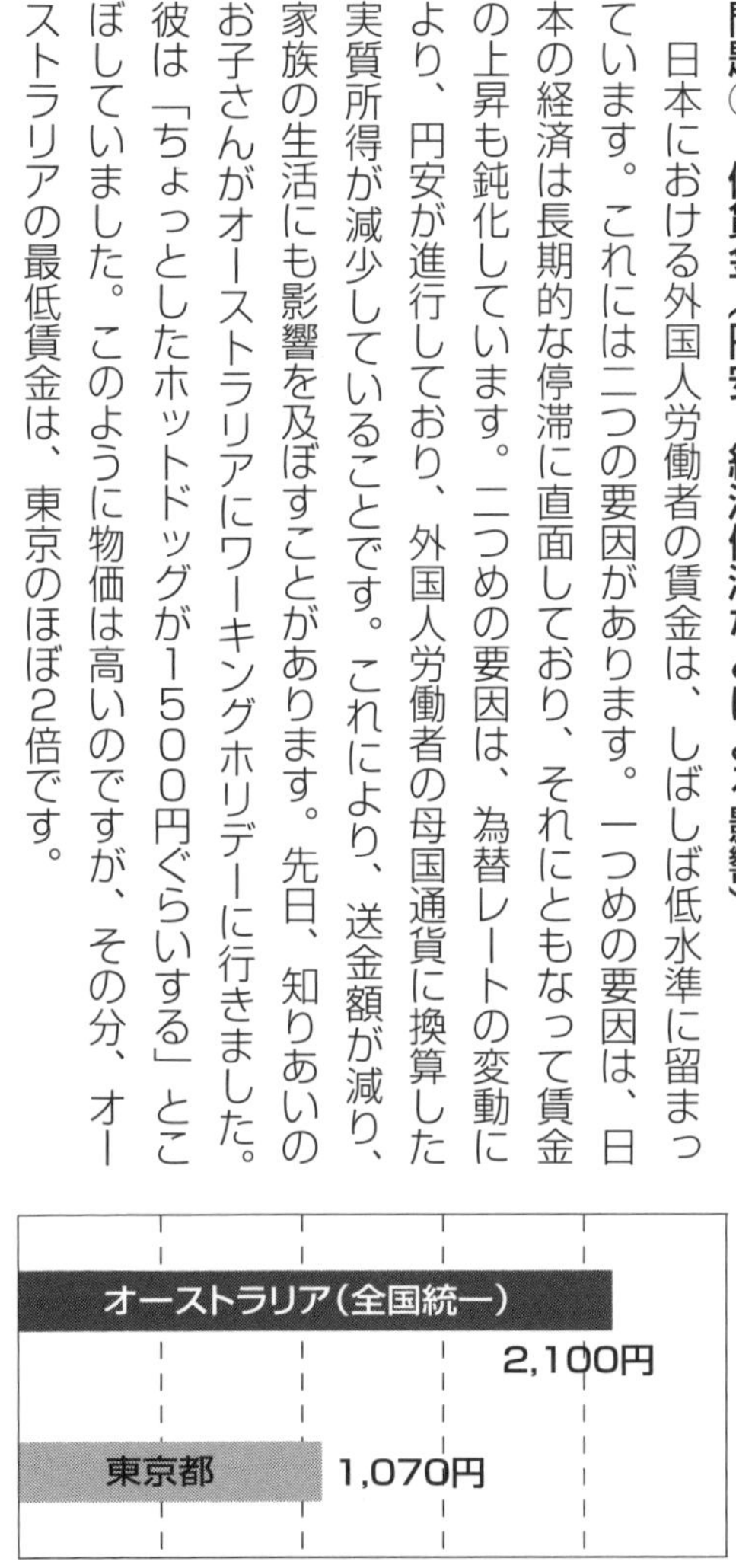

物価も高いが最低賃金は東京都の２倍（日豪の法定最低時給*の比較） *オーストラリアは2023年7月以降、東京都は令和４年度　出典：Fair Work Commission、厚生労働省

問題② 過酷な労働環境

多くの企業で労働環境の改善がみられますが、一部の企業においては過酷な労働環境です。例えば、長時間労働が常態化し、適切な休憩時間が取れないなどがあります。また、残念ながら、外国人労働者に対してハラスメントを行う企業もあり、問題となっています。

問題③ コミュニケーションの障害

外国人労働者が日本で働く際に、言葉や文化の違いによるコミュニケーションの障害も大きな問題です。一般的に日本語は習得が難しいといわれており、職場でのコミュニケーションが困難です。これにより、業務上の指示が理解できなかったり、誤解が生じたりすることがあります。ほかにも、語学の勉強時間の確保ができないなどの課題があります。この問題は第2章で詳説します。

第2章　外国人労働者を雇う準備（言葉の壁などを取り払う）

本章では外国人労働者を受け入れる前段階の注意点、労務管理、制度などに関して、さまざまな角度から検証していきます。

1 外国人労働者の健康管理

長崎産業保健総合支援センターの「外国人労働者の健康調査と職場の健康管理」によると、職場での健康診断受診率は89・1％で、そのうち79・6％が結果を知っており、異常があったのは8・7％で4％がその後放置されているとの報告がありました。また、社内に母国語能力がある人がいる率は68・8％、社内の相談相手は51・4％が上司、10・9％が社内医療スタッフでした。

このようなことから、外国人労働者に対して健康管理についてしっかりと説明を行い、サポートすることが大切です。

具体的には会社が労働安全衛生法などの定めるところによる、外国人労働者に実施する健康診断、ストレスチェック、長時間労働者への医師による面接指導などを一つずつ説明します。

健康診断には大きく分けて「一般健康診断」と「特殊健康診断」の二種類があります。一般健康診断には、雇い入れ時の健康診断、定期健康診断、特定業務従事者（有害物質を取り扱う業務のほか、著しく寒冷または暑熱な場所での業務、深夜の業務などを行う労働者）の健康診断、海外派遣労働者の健康診断、結核健康診断、給食従事者の検便があります。

特殊健康診断は、法令で定められた有害とされる業務に従事する労働者や特定の物質を取り扱う労働者を対象とした健康診断のことです。

1年に1回、定期的に行う定期健康診断や外国人労働者を雇い入れるときに実施する雇い入れ時の健康診断は、外国人労働者も日本人従業員同様に受診しなければいけませんが、健康診断を受診する習慣がない国も散見されるため、積極的に受診を勧める必要があります。なお、出身国によっては宗教上のタブーや西洋医学が受け入れられない場合があることにも注意しなければなりません。

日常の健康管理としての健康相談においては、事前に外国人労働者が受診可能である近隣の医療機関を確認しておきましょう。例えば、厚生労働省のホームページには、観光庁と連携して一元化した「外国人患者を受け入れる医療機関の情報を取りまとめたリスト」（https://www.mhlw.go.jp/stf/newpage_05774.html）がありますので、活用することもできます。

次に、ストレスチェックですが、これは外国人を含む労働者自身のストレスへの気づきを促すこと、そして、ストレスの原因となる職場環境の改善を図ることがおもな目的です。２０１５年12月から従業員が50人以上の事業所ではストレスチェックの実施が義務づけられています。具体的には、職業性ストレス簡易調査票に記入していただきます。厚生労働省のホームページ（https://www.mhlw.go.jp/bunya/roudoukijun/anzeneisei12/index.html）では、英語をはじめ、中国語、ベトナム語、タガログ語、ネパール語、ペルシア語、ポルトガル語、ミャンマー語、スペイン語、インドネシア語にも対応しています。職業性ストレス簡易調査票の結果により、高ストレスであることが判明した場合は、医師との面談を受けることを伝えます。

さらには、過重労働による脳・心臓疾患などの発症を予防するため、長時間の時間外・休日労働などをしている外国人労働者に対して、医師による面接指導が行われます。詳しくは、図2―1を参考にしてください。

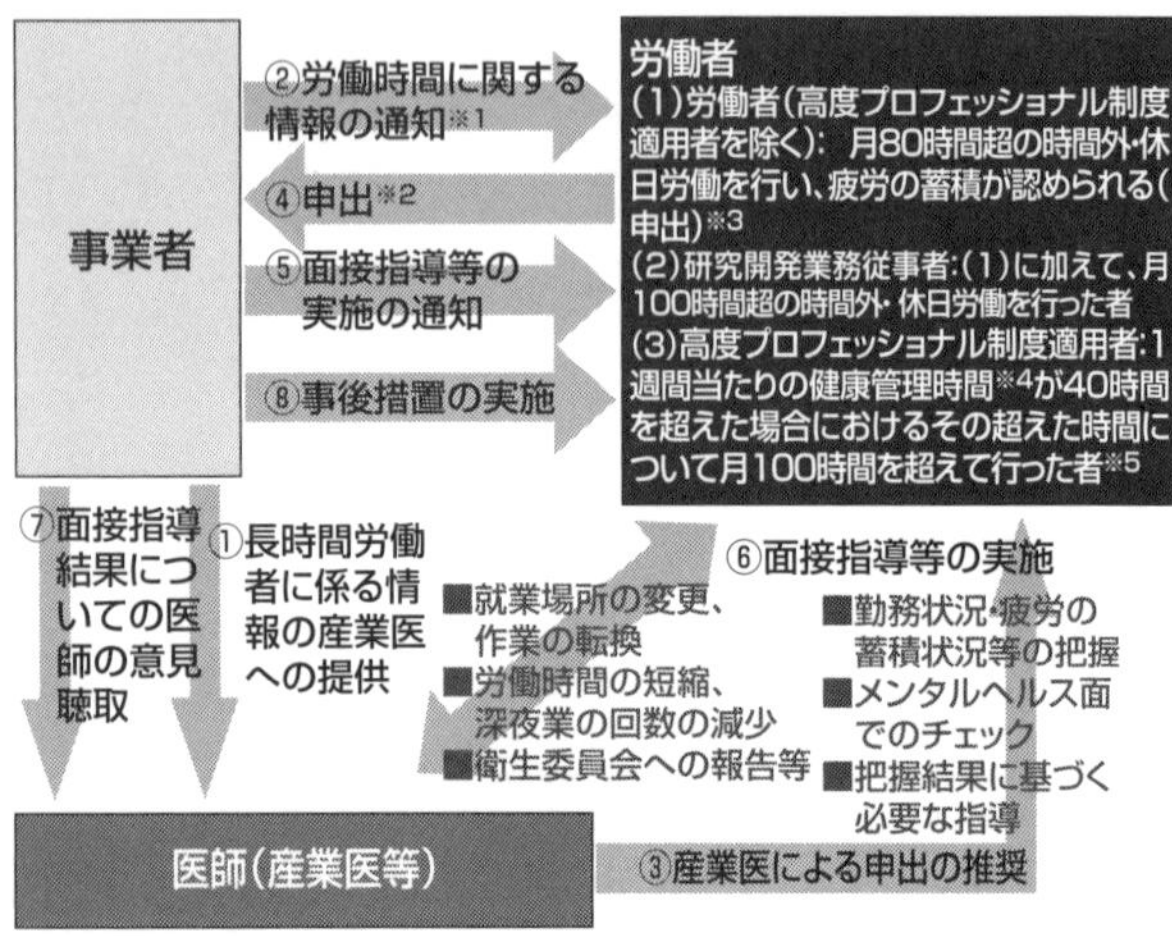

※1:時間外・休日労働時間が月80時間を超えた労働者が対象。
※2:月100時間超の時間外・休日労働を行った研究開発業務従事者、高度プロフェッショナル制度適用者については、面接指導実施の申出がなくても対象。
※3:月80時間超の時間外・休日労働を行った者については、申出がなくても対象。
面接指導を実施するよう努める。
月45時間超の時間外・休日労働で健康への配慮が必要と認めた者については、面接指導等の措置を講ずることが望ましい。
※4:対象業務に従事する対象労働者の健康管理を行うために当該該当者が事業場内にいた時間(労使委員会が厚生労働省令で定める労働時間以外の時間を除くことを決議したときは、当該決議に係る時間を除いた時間)と事業場外において労働した時間との合計の時間。
※5:1週間当たりの健康管理時間が、40時間を超えた場合におけるその超えた時間について、1月当たり100時間を超えない高度プロフェッショナル制度適用者であって、申出を行った者については、医師による面接指導を実施するよう努める。

図 2-1　長時間労働者は医師による面接指導を

2　外国人労働者の労働条件

日本で外国人労働者を雇用する際、労働条件や待遇に関する法律や規則がいくつかあります。以下はおもなポイントです。労働条件の基本原則は、日本人、外国人を問わず同じように適用されます。

①労働基準法の適用：日本国内で働く外国人労働者は、日本人従業員と同様に労働基準法の適用をけます。このため、労働時間、休暇などの基本的な労働条件は、外国人労働者にも適用されます。

②雇用契約の明示：雇用契約書は必ず書面で作成し、労働条件を明示することが求められます。契約書には、賃金、労働時間、休暇などの基本条件を含める必要があります。また、外国人労働者が理解できる言語で提供することが望まれます。

③最低賃金：最低賃金法に定められている最低賃金を遵守する必要があります。外国人労働者も同様に最低賃金以上の賃金を支払う義務があります。

④労働時間と休暇：労働時間は1日8時間、週40時間が基本です。これを超える労働は原則として残業となり、割増賃金の支払いが必要です。また、有給休暇も外国人労働者に対して付与されます。

⑤社会保険の制度：外国人労働者も日本の社会保険制度の対象となります。一定の条件を満たせば、健康保険、厚生年金保険、労災保険、雇用保険などに加入することになります。

一方、外国人労働者特有の要件として、在留資格の確認をし、適切な雇用管理をすることが必要です。

⑥在留資格の確認：外国人労働者を雇用する際は、その人が適切な在留資格を持っているか確認する必要があります。例えば、技能実習、特定技能、留学などの在留資格には、それぞれ働ける職種、産業や時間に制限があります。

⑦適切な雇用管理：外国人労働者の適正な労働条件を確保するために、労働基準監督署や出入国在留管理庁との連携が重要です。特に技能実習生の場合、受け入れ企業や監理団体との連携が求められます。また、新しい在留資格である育成就労についても連携が求められます。

これらの基本的な事項を理解し、適切に管理することで、外国人労働者にとって働きやすい環境を提供することができます。また、法令を遵守することは、企業にとっても重要です（第4章で詳述）。

3　外国人労働者のキャリアパス

パーソル研究所の「日本で働く外国人材の就業実態・意識調査」によると、正社員の職場への不

表2-1　職場への不満（正社員）

日本で働く外国人人材 (n = 500)		%			%
1位	昇進・昇格が遅い	28.6	17位	職場で孤立している	14.4
2位	給料が上がらない	28.2	18位	業務で使う日本語が難しい	14.0
3位	給料が安い	25.6	19位	異文化習慣を理解してもらえない	13.2
4位	明確なキャリアパスがない	23.8	20位	顧客の要求レベルが高すぎる	11.8
5位	無駄な会議が多い	20.8	20位	時間に厳しい	11.8
6位	残業が多い	19.0	20位	雇用契約や労働条件が守られない	11.8
7位	評価の基準が明確でない	18.2	20位	その他のコミュニケーションの困難さ	11.8
8位	組織、上司の意思決定プロセスがわかりにくい	18.0	24位	人種・民族差別を受けた	11.4
9位	行うべき業務の範囲が明確に定まっていない	17.8	25位	有給休暇が取りにくい	11.2
10位	組織、上司の意思決定が遅い	16.4	26位	やりたい仕事をやらせてもらえない	10.4
10位	技能・スキルが伸びる仕事ができない	16.4	27位	休日出勤が多い	10.2
12位	暗黙の了解が理解できない	15.8	28位	マニュアル・研修で教わったことと、現場の実態が違っていた	9.8
13位	自己裁量が少ない	15.6	29位	パワハラ・セクハラを受けた	9.4
14位	研修の機会が少ない	15.2	30位	職場で暴力を受けた	8.0
15位	組織内での意見の調整が多く必要になる	15.0		その他	2.6
16位	仕事の成果を認めてもらえない	14.8		とくになし	22.6
				平均該当個数	4.7

表 2-2　職場への不満（パート・アルバイト）

日本で働く外国人人材 (n = 500)		%			%
1 位	給料が上がらない	15.4	17 位	人種・民族差別を受けた	7.8
2 位	異文化習慣を理解してもらえない	15.2	18 位	組織・上司の意思決定のプロセスがわかりにくい	7.4
3 位	明確なキャリアパスがない	15.0	19 位	業務で使う日本語が難しい	7.2
4 位	給料が安い	14.4	20 位	仕事の成果を認めてもらえない	7.0
5 位	自己裁量が少ない	14.0	21 位	残業が多い	6.6
6 位	研修の機会が少ない	13.2	21 位	職場で孤立している	6.6
7 位	時間に厳しい	12.4	23 位	行うべき業務の範囲が明確に定まっていない	6.2
8 位	昇進・昇格が遅い	11.8	24 位	休日出勤が多い	6.0
9 位	技能・スキルが伸びる仕事ができない	11.2	25 位	マニュアル・研修で教わったことと、現場の実態が違っていた	5.8
10 位	顧客の要求レベルが高すぎる	10.8	26 位	組織内での意見の調整が多く必要になる	5.6
11 位	評価の基準が明確でない	9.8	27 位	パワハラ・セクハラを受けた	3.8
12 位	組織・上司の意思決定が遅い	9.6	28 位	職場で暴力を受けた	3.0
13 位	やりたい仕事をやらせてもらえない	8.6	29 位	雇用契約や労働条件が守られない	1.4
14 位	暗黙の了解が理解できない	8.4	30 位	無駄な会議が多い	0.0
15 位	その他のコミュニケーションの困難さ	8.2		その他	1.2
15 位	有給休暇が取りにくい	8.2		とくになし	38.6
				平均該当個数	2.6

満は、「昇進・昇格が遅い」「給料が上がらない」「給料が安い」「明確なキャリアパスがない」「無駄な会議が多い」が上位を占めます。

また、パート・アルバイトの職場への不満は、「給料が上がらない」「異文化習慣を理解してもらえない」「明

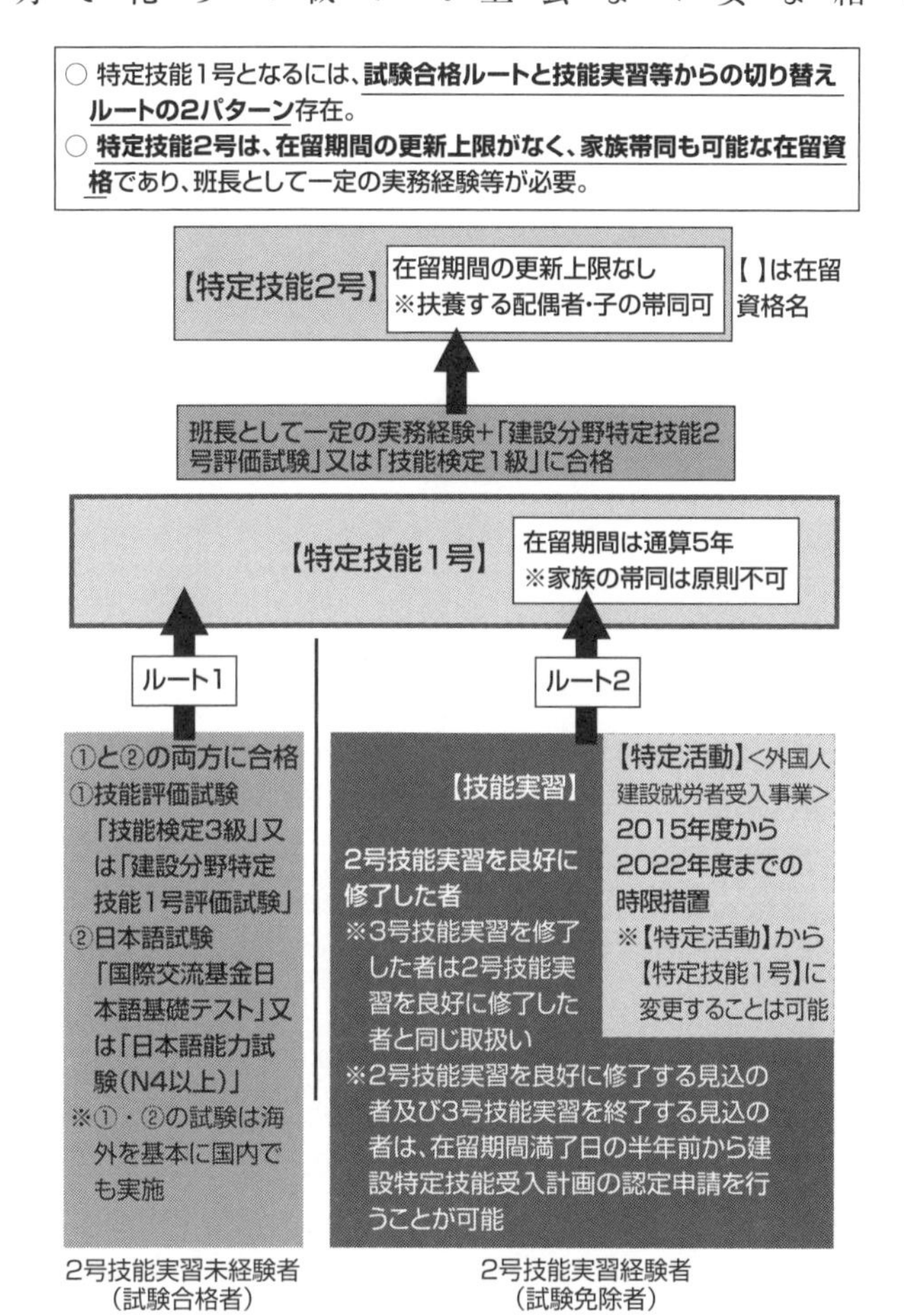

図 2-3　特定技能制度における外国人材のキャリアパス（イメージ）

確なキャリアパスがない」「給料が安い」「自己裁量が少ない」が上位を占めています（表2―1、表2―2）。労働条件に関するものもありますが、明確なキャリアパスがないことで将来のキャリアをイメージしにくいのではないでしょうか。

建設業における特定技能制度の外国人材のキャリアパスのイメージとして、特定技能1号となるには、試験合格ルートと技能実習などからの切替ルートの二パターンがあります（図2―3）。特定技能2号は、在留期間の更新上限がなく、家族帯同も可能な在留資格なので、班長として一定の実務経験を積むなどのキャリアパスを明確にし、面談を重ね、会社の評価制度で適切に評価をします。そのような対策をとれば、やりがいを感じて日本で働きたいという意欲が湧いてくるでしょう。

4　外国人労働者の社会保障

日本で働くことができる在留資格を持つ外国人労働者は、日本の社会保障制度に加入する必要があります。一般的には、雇用され一定の要件を満たしていれば、労災保険、雇用保険、健康保険、介護保険、厚生年金に加入する義務があります。それぞれ一つずつみていきましょう。

①労災保険

日本で就労するすべての外国人労働者は労災保険に加入する必要があります。労災保険は、労働もしくは通勤中の事故や疾病に対する補償を提供します。

②雇用保険

一定の労働時間や勤務条件を満たす外国人労働者は、雇用保険にも加入する必要があります。雇用保険に加入することで、失業時や育児休業時に給付を受けることができます。一定の要件とは、31日以上雇用されることが見込まれ、１週間の所定労働時間が20時間以上であることです。

③健康保険

１週間の所定労働時間および１か月間の所定労働日数が、通常の労働者の４分の３以上の外国人労働者は、原則として健康保険に加入する義務があります。ただし、２０２４年10月より被保険者数が51人以上の事業所では、４分の３という基準を満たさない場合であっても、以下の四つの要件すべてに該当する短時間労働者は、社会保険に加入する必要があります。

①1週間の所定労働時間が20時間以上であること

②同一の事業所に継続して2か月以上雇用されることが見込まれること
③所定内賃金が月額8万8千円以上であること
④学生でないこと

健康保険に加入すれば、医療費の一部が保険でカバーされ、本人の負担が軽減されます。事業所の健康保険に該当しない場合でも、国民健康保険に加入する義務があります。

④介護保険

介護保険制度は、高齢者などの介護を必要とする方を社会全体で支えあうことを目的とし、外国人であっても日本国内に住む40歳以上の人を対象としています。対象者は以下の二つのグループに分かれます。

①第1号被保険者：65歳以上の人
②第2号被保険者：40歳以上65歳未満の人で、医療保険に加入している人

介護保険料については、被保険者ごとに徴収方法が異なります。

⑤厚生年金保険

外国人労働者も日本の公的年金制度に加入する必要があります。日本では、厚生年金と国民年金の二種類があり、企業に勤務する場合は厚生年金に、自営業者や厚生年金保険の保険者に該当しない労働者などは国民年金に加入します。厚生年金の加入要件は、健康保険と同様です。

外国人労働者が社会保障制度に加入するための手続きは、以下のとおりです。

まず、日本に3か月以上滞在する予定の外国人は、市区町村役場で住民登録を行います。この登録により、健康保険や年金保険に加入する手続きが開始されます。

住民登録が完了すると、健康保険証や年金手帳が発行されます。これらの証書は、医療機関の受診時や年金受給の際に必要です。

また、企業に就職する場合、勤務先が健康保険や厚生年金、雇用保険の加入手続きを行います。必要な書類や情報を提供することが求められます。

社会保険のうち厚生年金保険は、適用除外者を除いて外国人労働者も被保険者となりますが、外国人労働者のみ適用が除外される場合が二つあります。

一つめは、海外から日本へ出向し、給与のすべてを外国企業が支払う場合です。社会保険料は、給与額に応じて算出されるため、日本国内の企業から外国人労働者に給与が振り込まれない場合は厚生年金保険に加入できないことがあります。もちろん、給与の一部が日本国内の企業から支払われていたり、外国企業から支払われたとしも日本企業の賃金規程や出向規定などにより実質的に日本企業から支払われていることが明確なときは、その給与により算出されるため、被保険者になります。

二つめは、外国人労働者の母国と日本との間で「社会保障協定」が締結されており、一定の要件に該当したときには、厚生年金保険への加入が免除されることがあります。

社会保障協定とは、国民の生活を保障し、福祉を向上させるための国際的な協定です。国際的な交流が活発化するなか、企業から派遣されて海外で働いたり、海外で生活される方が年々増加しています。海外で働く場合は、働いている国の社会保障制度に加入する必要があります。日本から海外に派遣された企業駐在員などについては、日本の社会保障制度とその国の保険料を二重に負担しなければならないケースが生じています。また、日本や海外の年金を受け取るためには、一定の期間その国の年金に加入しなければならない場合があるため、その国で負担した年金保険料が年金受給につながらないことがあります。

社会保障協定は、以上を踏まえ、以下二点を目的として締結されています。

①「保険料の二重負担」を防止するために加入するべき制度を二国間で調整する（二重加入の防止）

②年金受給資格を確保するために、両国の年金制度への加入期間を通算することにより、年金受給

のために必要とされる加入期間の要件を満たしやすくする（年金加入期間の通算）

２０２４年４月１日時点で、日本は23か国との間で協定が発効されています。

一部の例外はあるものの、在留資格を持った外国人労働者も日本の社会保障制度に加入する義務があり、健康保険、年金保険、雇用保険、労災保険などの各種保険に加入することで、適切な保障を受けることができます。

5　コミュニケーションの障害

外国人労働者が日本で働く際に、最も大きな問題となるのが、言葉や文化の違いによるコミュニケーションの困難さです。一般的に日本語は習得が難しいといわれており、職場でのコミュニケーションが困難です。これにより、業務上の指示が理解できなかったり、誤解が生じたりすることがあります。ほかにも、語学の勉強時間の確保ができないなどの課題があります。

また、日本の職場文化やビジネスマナーは他国と異なる部分が多く、適応に時間がかかることがあります。例えば、上下関係の重視やホウ・レン・ソウ（報告・連絡・相談）の文化などは、外国人労働者にとっては理解しづらいものです。

こういったことから、外国人労働者が職場で孤立することがあり、外国人労働者が日本で快適に働くための大きな障害となっています。企業や政府がこういった問題に対して積極的に取り組むことが求められています。具体的には、賃金改善や労働環境の整備、言語教育や文化理解の促進などです。また、職場や地域での適切なサポートが不足している場合は、見直しが必要です。

このような問題の改善により、外国人労働者がより安心して働ける環境が整い、日本の経済発展にも寄与することが期待されます。

さらに、外国人労働者の出身国や日本との文化の違いについても周知が必要です。宗教上の理由から食べものや飲みものの違いがある場合や、休日の取り方についても自国の習慣や宗教的な側面を考慮しなければなりません。お互いの文化を尊重し、シフトの調整などに配慮しましょう。

文化や言葉の違いを考慮したうえで、コミュニケーションを図ることは大変重要です。定期的な面談やフィードバックの機会を設け、問題や不安を早期に解決します。

6　外国人労働者の教育・研修

外国人労働者の教育・研修を効果的に行うためのポイントを紹介します。

①職場でのコミュニケーションを円滑に行えるようにすること

①言語サポートの提供

○基本的な日本語の会話力を高めるための日本語教室を設けます。

○日常業務で使用する専門用語やフレーズを集めた用語集を提供します。

②文化の理解促進

○日本のビジネスマナーや礼儀作法を学ぶセミナーを開催します。

○異文化理解のためのワークショップを定期的に行い、お互いの文化を尊重する意識を育みます。

③メンター制度の導入

○外国人労働者に対して日本人従業員をメンターとして割り当て、日常の業務やコミュニケーションにおけるサポートを行います。

②職場のルールや文化を理解し適応できるようにすること

①オリエンテーションの実施

○入社時に会社のルール、規則、ビジネスマナーを詳しく説明するオリエンテーションを実施します。

○具体的な事例を用いて、ルールが実際にどのように適用されるかを示します。

②ガイドブックの作成
○職場のルールや手順、文化について詳細に記載されたガイドブックを外国人労働者に配布します。
○ガイドブックは母国語と日本語の両方で作成します。

③フィードバックとサポート
○定期的な面談を行い、職場のルールや文化への適応状況を確認します。
○適応に困難を感じている場合には、具体的なアドバイスや支援を提供します。

③安全管理や作業指示を正確に理解し実行できるようにすること
①視覚的な教材の活用
○作業手順や安全管理に関するマニュアルを、イラストや写真を多用してわかりやすく作成します。
○動画による教育資料を用意し、視覚的に理解を促進します。

②実践的なトレーニング
○実際の作業現場でシミュレーションを行い、指示の理解度を確認します。
○安全管理に関するトレーニングを実施し、緊急時の対応方法を身につけさせます。

③多言語サポートの確保
○安全管理や作業指示を複数の言語で提供します。
○言葉の壁を越えるために、母国語を話せるスタッフや翻訳ツールを活用します。

これらのポイントを実践することで、外国人労働者が職場で円滑にコミュニケーションをとり、職場のルールや文化に適応し、安全に作業を行うことができるようになります。

厚生労働省では、『マンガでわかる働く人の安全と健康』（教育用教材）を用意しています。多言語使用になっているので、こちらも参考にするとよいでしょう（https://www.mhlw.go.jp/stf/newpage_13668.html）。

7　外国人労働者の日本語能力

外国人労働者が最初に直面する困難は言葉の壁ですが、ここでは外国人労働者の日本語能力を客観的にみる方法を解説します。

技能実習制度では、原則、日本語能力については求められませんでしたが、育成就労制度（第3章で詳述）および特定技能（第4章で詳述）に関しては、継続的な学習による段階的な日本語能力の向上が求められています。外国人労働者の日本語能力について説明します。

日本語能力試験（ＪＬＰＴ）には、Ｎ1、Ｎ2、Ｎ3、Ｎ4、Ｎ5の五つのレベルがあります。一番易しいレベルがＮ5で、一番難しいレベルがＮ1です。Ｎ4とＮ5では、おもに教室内で学ぶ基本的な日本語がどのぐらい理解できるかを測ります。Ｎ1とＮ2では、現実の生活の幅広い場面での日本語がどのぐらい理解できるかを測ります。そしてＮ3は、Ｎ1、Ｎ2とＮ4、Ｎ5の「橋渡し」のレベルです。

また、語学能力を測るものとして、「ＣＥＦＲ」という基準があります。これは、語学能力を6段階（Ａ1、Ａ2、Ｂ1、Ｂ2、Ｃ1、Ｃ2）で評価する国際的な基準です。ヨーロッパ言語の基準でしたが、他の言語でも利用されています。日本語も「日本語教育の参照枠」として、ＣＥＦＲと同じ6段階（Ａ1、Ａ2、Ｂ1、Ｂ2、Ｃ1、Ｃ2）の評価基準が定められました。

一番下がＡ1で、一番上がＣ2です。

ＪＬＰＴとＣＥＦＲの対応関係については、実用日本語検定（Ｊ・ＴＥＳＴ）が独自に判断した表2―3を参考にしてください（出典：日本語参照枠・ＣＥＦＲとＪ・ＴＥＳＴ）。

表 2-3（1）　JLPT と CEFR の対応関係

レベル	認定級	点数	CEFR	JLPT	評価
A ～ C レベル ※満点 1000 点	特 A 級	930 点以上			様々な分野、場面において、専門的な話題も理解し対応できる高度なコミュニケーション能力がある。
	A 級	900 点以上	C2		様々な分野、場面において、専門的な話題も理解でき、十分なコミュニケーション能力がある。
	準 A 級	850 点以上			様々な分野、場面において、一般的な話題をほとんど理解でき、十分なコミュニケーション能力がある。
	B 級	800 点以上			一般的な分野、場面において、十分なコミュニケーション能力がある。
	準 B 級	700 点以上	C1	（N1 相当）	日常生活や職場において、十分なコミュニケーション能力がある。
	C 級	600 点以上	B2	（N2 相当）	日常生活や職場において、基本的なコミュニケーション能力がある。

表2-3（2） JLPTとCEFRの対応関係

レベル	認定級	点数	CEFR	JLPT	評価
D～E レベル ※満点700点	D級	500点以上	B1	（N3相当）	日常生活の限られた場面において、ある程度のコミュニケーション能力がある。
	E級	350点以上	A2	（N4相当）	日常生活や職場の限られた場面において、初級レベルの日本語の範囲ならば、コミュニケーションができる。
F～G レベル ※満点350点	F級	250点以上	A1	（N5相当）	初級レベル前期の日本語の範囲ならば、コミュニケーションができる。
	G級	180点以上			入門レベルの日本語の範囲ならば、コミュニケーションができる。

外国人労働者が各段階で必要とされる日本語能力は、以下のとおりです。

①育成就労開始前

A1相当以上の日本語試験（例：日本語能力試験N5）に合格するか、相当の講習を受講します。

②特定技能1号への移行時

A2相当以上の日本語試験（例：N4）以上のレベルが必要です。

③特定技能2号への移行時

原則として、日本語能力について特に要件は設けてはいませんが、分野によっては一定の能力が求められる場合

○日本語教育過程を置く教育機関の設置は、日本語教育課程を適正かつ確実に実施することができる日本語教育機関である旨の文部科学大臣認定を受けることができる。
○文部科学大臣は、認定日本語教育機関の情報を、多言語でインターネットの利用等により公表する。
○認定日本語教育機関の設置者は、生徒の募集のための広告その他のものに文部科学大臣が定める表示を付することができる。

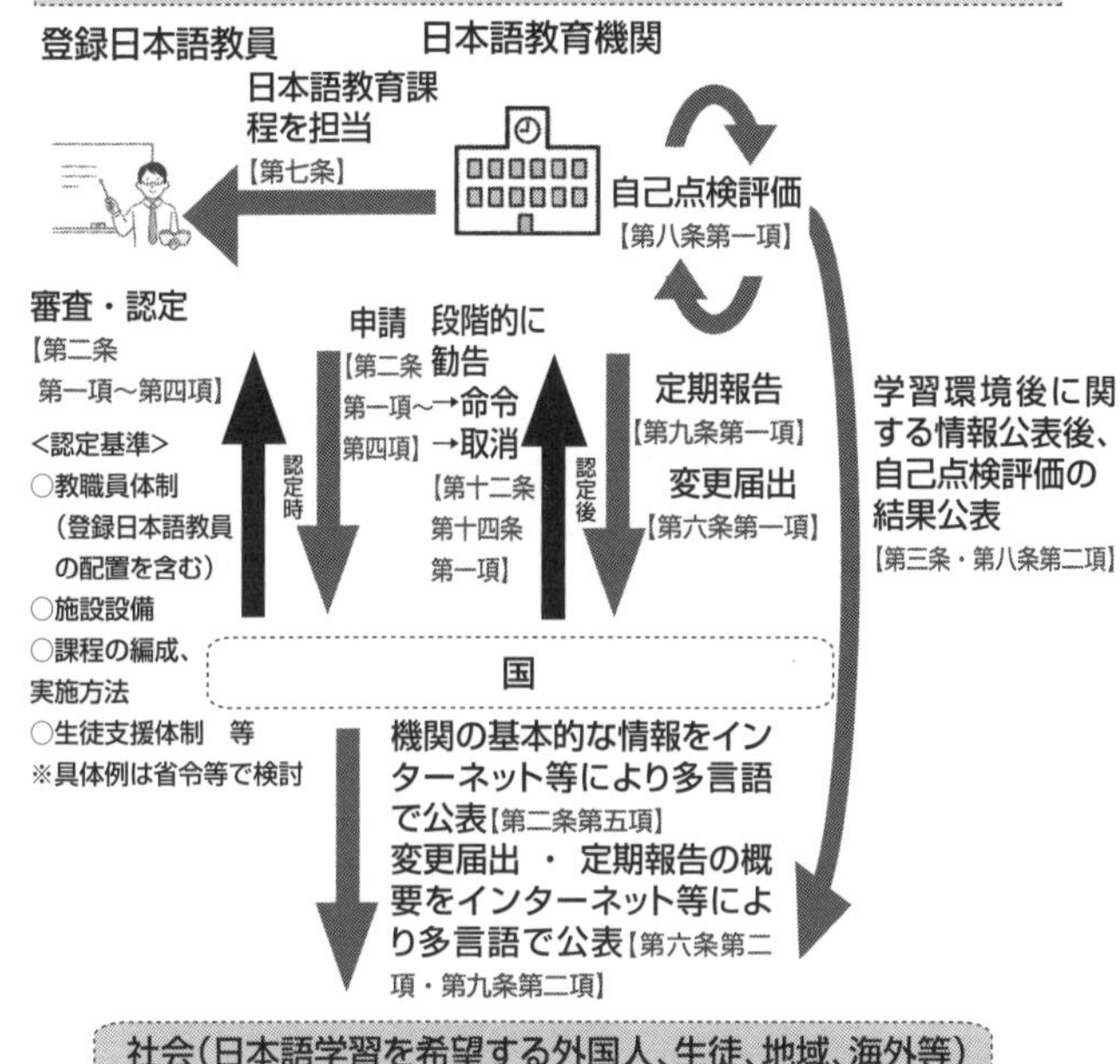

図 2-3　認定を受けた日本語教育機関の維持向上のイメージ

があります。

④追加要件

各分野でより高い水準の試験合格を要件とすることも可能です。

⑤日本語教育支援

日本語教育支援は優良受け入れ機関の認定要件の一つです。「日本語教育の適正かつ確実な実施を図るための日本語教育機関の認定などに関する法律」（日本語教育機関認定法）を活用し、日本語教育の質を向上させます。この法律の目的は、日本語教育の適正かつ確実な実施を図り、日本に住む外国人が国民とともに円滑に生活できる環境を整えることです。具体的には、①一定の要件を満たす日本語教育機関を認定する制度、②認定日本語教育機関の教員資格を創設する制度を設けています（図2―3）。

8　外国人労働者の日本語教育プラン

日本の職場で外国人労働者が円滑に働くためには、日本語の能力と文化理解が不可欠です。適切な日本語教育プログラムを提供することで、外国人労働者のコミュニケーション能力を向上させ、職場での適応を促進することができます。

ここでは、外国人労働者が職場で成功するための日本語教育の目的、カリキュラム設計、教育形式、教材とリソース、進捗管理と評価、教育担当者の選定、外部リソースの活用について詳述します。

①教育の目的

外国人労働者の日本語教育の目的は、職場でのコミュニケーションを円滑に行えるようにすること、職場のルールや文化を理解し適応できるようにすること、そして安全管理や作業指示を正確に理解し実行できるようにすることです。

②対象者のニーズに応じたカリキュラム設計

カリキュラムは以下の三つのレベルに分かれます。

○日常会話や基本的な読み書きを習得するための内容。
○職場でよく使われる単語や表現、作業指示、マニュアルの理解に焦点を当てたもの。
○敬語の使い方や日本のビジネスマナー、文化の理解を目指したもの。

③教育の形式

教育の形式は多様で、以下のような方法があります。

○教室形式での講義、グループワーク、ロールプレイなどの集合形式で学ぶ。
○オンラインコースやeラーニングプラットフォームを活用する。
○現場での実践指導やＯＪＴ（On the Job Training）を行う。
○通信講座やオンライン学習を利用し、自宅で学習できるようにする。
○自学自習のための教材やリソースを提供する。

④教材とリソース

適切な教材とリソースを用意します。

○日本語教材や職場用日本語テキストを用意し活用する。
○日本語学習アプリ、オンラインビデオ、音声教材などを活用する。
○イラストなどの視覚的な教材を提供する。

⑤教育の進捗管理と評価

進捗管理と評価は以下の方法で行います。

○初回に日本語能力を測定し、適切なクラスに配属する。
○定期的にテストを実施し、進捗状況を確認する。
○定期的に学習者にフィードバックを提供し、学習の改善点を明確にする。

⑥教育担当者の選定

教育担当者の選定も重要です。

○日本語教師資格を持つ講師を採用する。
○社内で日本語に堪能な外国人スタッフをトレーナーとして育成する。

⑦外部リソースの活用

外部のリソースも活用して教育を行います。

○地元の日本語学校と提携し、専門的な教育を実施する。
○地域のボランティア団体が運営する日本語教室を活用する。
○オンラインコースやデジタル教材を利用して学習する。

このように、具体的な教育プログラムを設計することにより、外国人労働者が日本で働くうえで必要な日本語能力と文化理解を向上させることができます。

9　外国人労働者の日本への適応と文化理解

グローバル化が進む現代社会において、日本の労働市場にも多くの外国人労働者が参入しています。外国人労働者が日本で快適に働き、生活できるようにするためには、外国人労働者自身の異文化適応と、日本人が彼、彼女らの宗教や文化を理解することが重要です。

ここでは、外国人労働者の適応プロセスと、日本人が異文化理解を深めるための方法について探っていきます。

①外国人労働者の異文化適応

①言語サポート

○日常会話からビジネス用語まで、段階に応じた日本語教育プログラムを提供することで、労働者のコミュニケーション能力を高めます。

○会社のルールや手順を母国語と日本語で記載したマニュアルを提供し、理解を促進します。

②文化教育

○時間厳守、報告・連絡・相談（ホウ・レン・ソウ）など、日本のビジネスマナーを学ぶ機会を設けます。

○地域の祭りや行事への参加を呼びかけることで、実際に日本文化を体験し、理解を深めてもらいます。

③サポート体制

○日本人の先輩社員がメンターやバディとして、仕事や生活に関するサポートを行います。これにより、外国人労働者が気軽に相談できる環境を整えます。

○適応状況や困りごとを確認し、必要な支援を提供します。

②日本人の異文化理解

①教育とトレーニング

○日本人社員に対して、外国人労働者の宗教や文化について学ぶ機会を提供します。これにより、文化的な誤解や摩擦を減少させることができます。

○多様性を尊重し、異文化に対する理解を深めるための研修を行います。

②交流活動

○社内外で異文化交流イベントを開催し、互いの文化を紹介しあう場を設けます。これにより、異文化に対する理解と親しみが生まれます。

○異文化チームでのプロジェクトを通じて、実際に一緒に働く経験を積むことで、理解が深まります。

③情報共有

○外国人労働者の母国文化や宗教についてのガイドブックを社内で共有し、基本的な知識を提供します。

○異文化についての疑問や不安を話し合う場を設け、相互理解を促進します。

③コミュニティとの連携

地域の外国人コミュニティや支援団体と連携し、情報交換やサポートを行います。地域イベントへの参加や共催を通じて、外国人労働者が地域社会に溶け込む手助けをします。

④相談窓口の目的

相談窓口として、以下のような目的が考えられます。

①安心して働ける環境の提供：外国人労働者が仕事に専念できるよう、労働条件や生活環境に関する相談

②問題解決のサポート：労働環境や法律、文化の違いによる問題を解決するためのアドバイスや情報の提供

③コミュニケーション支援：言葉や文化の違いを乗り越えるためのサポート、円滑なコミュニケーションの促進

⑤相談窓口の相談内容

①労働条件に関する問題：給与、労働時間、休暇、解雇などに関する相談

②労働環境に関する問題：ハラスメント、安全衛生、職場の人間関係などに関する相談

③生活に関する問題：住居、医療、子育て、教育、法律手続きなどに関する相談

相談窓口の設置方法は、こうした組織を社内に設けるほか、公的機関との連携などがあります。また、企業内掲示板、ウェブサイト、ＳＮＳ、パンフレットなどを活用し、面談などの際にも伝えます。

10　外国人労働者の住居の確保・生活に必要な契約支援

外国人労働者の住居の確保は、困難なケースもあります。企業ができる支援として、以下のような方法があります。

①社宅・社員寮の提供

企業が社宅や社員寮を所有している場合、これを外国人労働者に提供することができます。新たに他の業者と契約する必要がないため、スムーズに住居を提供できます。

②企業が住居を借りて提供

企業が住居を借りて、企業名義で外国人労働者に提供する方法もあります。この方法では、外国

人労働者が自ら住居を探す負担を軽減できます。

③住居探し・賃貸借契約のサポート

外国人労働者が住居を探す際や賃貸借契約を結ぶ際に、企業がサポートすることも有効です。不動産業者への同行や通訳のサポートを行うだけでなく、物件が働くうえで適しているかどうかアドバイスすることで、円滑な勤務環境を整えることができます。

④生活に必要な契約の支援

外国人労働者が日本で生活するために必要な契約手続きも支援します。銀行口座の開設、携帯電話やライフラインの契約などを案内し、各手続きの補助を行います。また、賃貸契約の内容を外国人労働者にわかりやすく説明し、特に言葉の壁を考慮して母国語での説明や翻訳書類を提供します。

⑤保証人の手配

外国人労働者が日本で保証人を見つけるのが難しい場合、企業が保証人を引き受けるか、保証会社を利用する手続きをサポートします。

11　外国人労働者のメンタルヘルス支援

外国人労働者のメンタルヘルス支援は、異文化適応や言葉の壁、労働環境の違いなど、多様なストレス要因に対応するために重要です。以下は、外国人労働者のメンタルヘルス支援に関するポイントです。

①多言語対応のカウンセリングサービス：母国語で相談できるカウンセラーや、通訳を介したカウンセリングサービスを提供したり、メンタルヘルスに関する情報やリソースを多言語で提供します。

②ストレス管理の教育と研修：ストレス管理のための教育や研修を定期的に実施します。

③社内サポートシステムの整備：外国人労働者がホームシックにならないように、Ｗｉ－Ｆｉなどの通信環境を整えます。また、メンタルヘルスに関する相談窓口を設け、プライバシーを確保する体制を構築することが重要です。さらに、メンター制度を導入し、外国人労働者が先輩社員に気軽に相談できる環境を整備しましょう。

④ストレスチェック実施とその後のフォローアップ：ストレスチェックを実施し、必要あれば、その後のフォローアップも実施します。

外国人労働者のメンタルヘルス支援は、彼、彼女らが直面する多様なストレス要因に対処するために欠かせません。多言語対応のカウンセリングサービスの提供やストレス管理の教育と研修、社内サポートシステムの整備、さらにはストレスチェックとその後のフォローアップを通じて、外国人労働者が安心して働ける環境を整えることが求められます。

これらを行うことにより、外国人労働者の精神的な健康を維持することが可能となり、生産性の向上や定着率の改善などにつながるでしょう。

12 外国人労働者のトラブル対応策や支援策

外国人労働者が安心して働ける環境を提供するためには、トラブルが発生した際に迅速かつ適切に対応できる支援体制が重要です。以下に、トラブル対応策や支援策をわかりやすく説明します。

①給与に関するトラブル対応策

トラブルが起こる前に、賃金支払管理を徹底し、法令に基づいた適正な処理を行います。特に外国人労働者の場合、社会保険や税金の控除についての理解が不足している場合があるため、事前にしっかりと説明することが大切です。

②長時間労働に関する対応策

長時間労働が発生しないよう、業務の効率化や適正な人員配置を進めます。外国人労働者を含む従業員の労働時間をしっかりと管理し、違法な長時間労働を防ぐようにしましょう。

③労働環境に関するトラブル対応策

外国人労働者を含む従業員が安全で快適に働ける環境を整えることは、経営者の責任です。ハラスメントや安全衛生に関する問題が発生した場合、設置している相談窓口を活用し、問題を早期に解決します。

④住居や生活に関する支援策

外国人労働者が住居や生活で困難を抱えた場合には、地方自治体の支援サービスやＮＰＯと連携し、必要なサポートを提供します。

⑤医療に関する支援策

健康問題を抱える従業員に対しては、適切な医療支援を提供します。特に言語の壁がある場合は、医療機関への同行なども有効な支援策です。

⑥子育て・教育に関する支援策

外国人労働者が子育てや教育に関して問題を抱えている場合、地方自治体や企業内の子育て支援制度を活用して、家庭と仕事の両立を支援します。

⑦外国人雇用管理アドバイザー制度の活用

外国人労働者の職業生活上の問題に関しては、外国人雇用管理アドバイザー制度を活用し、専門的なサポートを行います。

さらに、技能実習生の場合は監理団体への相談も効果的です。トラブルは多岐にわたるため、適切な対応策と支援体制を整え、問題解決に努めましょう。

このように、経営者は外国人労働者が安心して働ける環境をつくり出し、トラブルが発生した際には迅速に対応することで、従業員の満足度や企業の生産性向上に貢献することが期待されます。

13　外国人労働者とともに働くということ

エン・ジャパン株式会社が運営する『エンバイト』の「外国人と一緒に働くこと」に関するアンケー

トによると、6割の方が外国人と一緒に働いたことがあり、「外国人の方と一緒に働いたことがある」と回答された方に、一緒に働いて良かったことを尋ねると、トップ4は「外国の文化や習慣に触れるきっかけになった」（34％）、「外国の友達ができた」（31％）、「働く意欲・姿勢が刺激や学びになった」（29％）、「職場全体の雰囲気が良くなった」（15％）でした（図2－4）。

また、ある介護施設の施設長は、ＥＰＡ（経済連携協定）によりインドネシアやフィリピンからの介護福祉士候補生を雇っており、職場に良い影響を与えていると話されていました。日本人の職員間の連帯感が高まり、外国人労働者の丁寧な話し方が日本人従業員に良い影響を与えたり、外国人労働者の日本語能力が不足していることから記録業務の標準化が進んだりしたということでした。職場のチームワークが向上し、異文化の理解が進んだため、今後も外国人労働者を増加させたいという意気込みをみせていました。

外国人労働者とともに働くことは、職場にさまざまなよい影

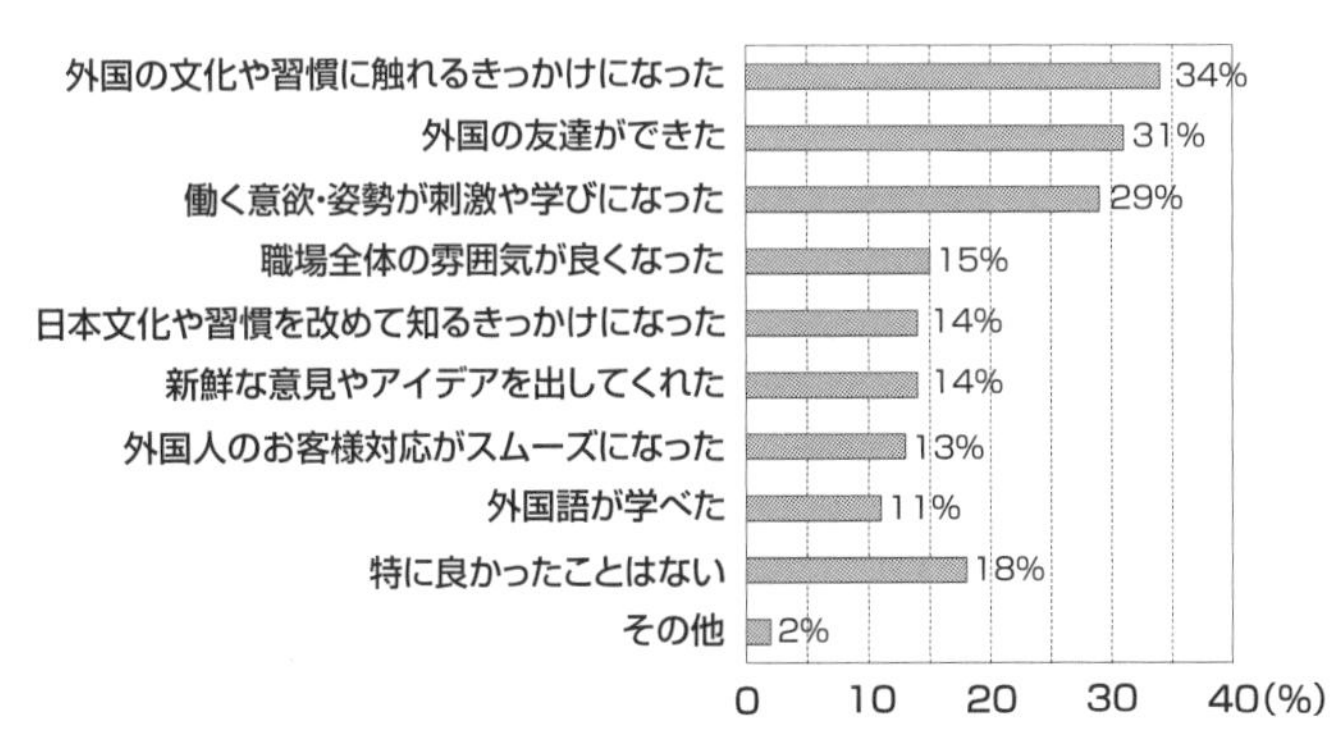

図 2-4　外国人と一緒に働いて良かったこと

響を与えます。外国の文化や習慣に触れる機会が増え、国際的な友人ができるだけでなく、働く意欲や姿勢が刺激となり、学びの機会が広がります。さらに、職場全体の雰囲気も改善されることもわかりました。これらの成果を踏まえ、今後も外国人労働者の採用を積極的に進めていくことが職場のさらなる活性化につながるでしょう。

14 外国人労働者の持続可能な雇用の実現

外国人労働者のキャリアパスに関しては前述しましたが、もう少し補足します。

オリジネーターによる「日本で働く外国人社員の就労環境と転職」に関する調査によると、外国人労働者が日本で働いてみて、不満に思ったこと・がっかりしたことは、「給与水準が高くない」(31・8%)、「日本語ネイティブでないことへの配慮が不足している(早口や難しい言葉を使われる)」(29・5%)、「求められている役割や仕事内容が明確でない」(28・7%)、「人事評価の基準が明確でなく、外国人だと昇給・昇進できない」(28・7%)などが上位を占めており、将来のキャリアが明確でないことに不満があることがわかります(図2—5)。そこで、繰り返しになりますが、以下のような施策を行うとよいでしょう。

①昇進機会と学びの場を通じた長期的キャリア形成

①昇進とキャリア開発の機会

外国人労働者にも日本人従業員と同様に昇進やキャリア開発の機会を提供し、将来の展望を持てるようにします。

②スキルアップの支援

外国人労働者が新しいスキルを学び、キャリアを進展させるためのトレーニングプログラムを提供します。

②労働条件の改善

ほかにも労働条件の改善は重要な課題です。

①公平な給与と福利厚生

日本人従業員と同等の給与と福利厚生を提供し、差別のない環境をつくります。同一労働同一賃金をきちんと守り、制度づくりを行いましょう。

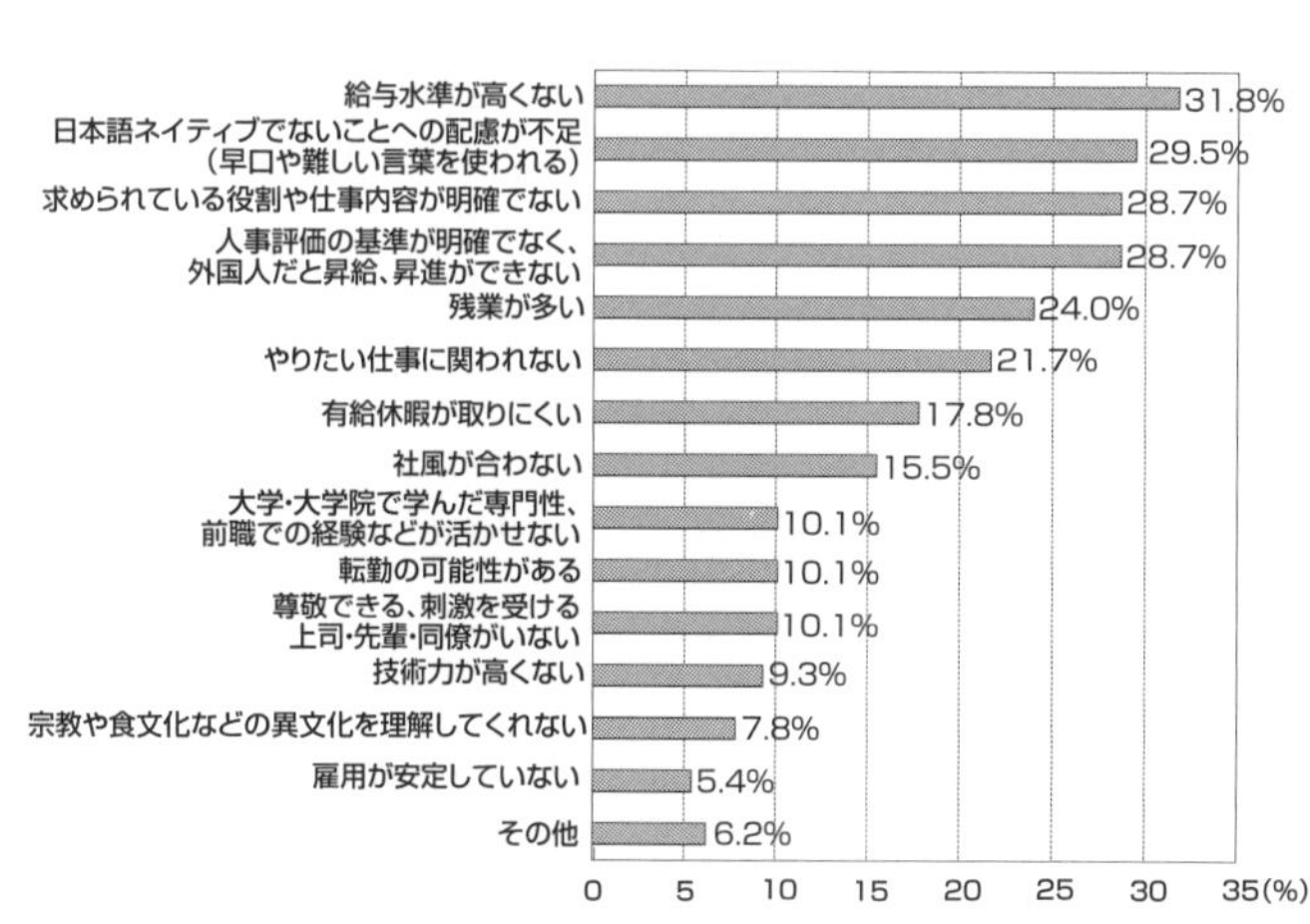

図 2-5　外国人労働者が不満に感じること

②労働時間の管理

過労死ラインとされる1か月100時間以上、または2か月から6か月の平均で80時間を超える時間外労働は、心身に深刻な悪影響を及ぼす可能性があります。そのため、時間外労働が45時間を超えた場合、適切な休息や労働環境の改善が求められます。会社は従業員の健康管理を徹底し、定期的な健康診断やストレスチェックを行うことが重要です。

また、従業員自身も自己管理を心がけ、無理のない労働時間を維持するよう努めることが必要です。外国人労働者のなかには、たくさんの残業をして給与をアップすることを考えている人もいますが、その点においても日本における労働時間の管理をきちんと説明し、理解を促しましょう。

③法的サポートと情報提供

法的なサポートにも気を配りましょう。

①労働法やビザに関する情報提供

労働法やビザに関する情報をわかりやすく提供し、外国人労働者が自身の権利や義務を理解できるようにします。

②法的支援の提供

労働トラブルが発生した場合、法的サポートを提供する体制を整えます。

④社会適応支援

住居探しや生活に必要な情報を提供し、日本での生活をスムーズに始められるようにサポートします。

ある企業では、日本語がうまく話せない外国人労働者に対して、市役所の手続きからスーパーでの買い物など、困ったときに相談できる体制を整えていました。そのことにより、外国人の方々はとても安心して日常生活を送っているようです。

また、家族帯同の外国人労働者に対して、家族のためのサポートや情報提供も行います。

これらを改善することで、外国人労働者が働きやすく、企業全体の生産性や職場の満足度が向上することが期待できます。

このように外国人労働者の持続可能な雇用を実現するためには、法的な整備から文化的な支援、職場環境の整備、コミュニケーションの促進、家族へのサポート、地域コミュニティとの連携に至るまで、多岐にわたる取り組みが必要となります。

しかし、これらの実践が、外国人労働者が安心して働ける環境の提供につながり、企業の成長と発展にも貢献することになります。

第3章　外国人労働者に関する新制度の現状概要

1 新制度「育成就労」制度の導入の背景と目的

2024年3月15日、政府は外国人技能実習制度を廃止し、新たに「育成就労」制度を創設することを閣議決定しました。これにともない、「出入国管理及び難民認定法」（以下「入管難民法」と呼ぶ）と「外国人の技能実習の適正な実施及び技能実習生の保護に関する法律」（以下「技能実習法」と呼ぶ）の改正案が提出され、新たな法律である「育成就労法」が成立しました。

まず、この育成就労制度導入の背景について説明します。

一つめは技能実習制度の問題点です。当初は外国人労働者の技能向上を目的とした制度でしたが、実際には労働力不足を補う手段として利用され、労働環境の悪化や不正行為が指摘されてきました。

二つめは日本の深刻な労働力不足です。人口減少と少子高齢化が進むなか、特に中小企業や特定産業分野での労働力不足が深刻化しており、これに対処するために新たな制度が必要とされたのです。

三つめとして、政府の外国人労働者に対する方針が挙げられます。これまでは専門的・技術的分野の外国人の受け入れには積極的でしたが、それ以外の分野では慎重な姿勢をとってきました。

新たに創設された育成就労制度は、専門的・技術的分野に該当しない外国人労働者を「特定技能1号」へとつなげるステップとして位置づけられています。技能実習制度を廃止し、おもに人材確保と育成を目的としています。育成期間は3年間で、この間に「特定技能1号」の水準に達する人材の育成を目指します。

また、特定技能制度自体は、制度の適正化を図ったうえで存続します。

育成就労制度は、技能実習制度の問題を解消し、日本の労働力不足を補う新たな仕組みとして創設されました。おもに中小企業や特定産業分野での人材育成を目的とし、将来的には特定技能1号へとつなげることを意図しています。労働力の確保と人材育成の両面で、日本の社会的課題に対応する重要な制度です。

2　新制度の基本概要

技能実習法が廃止され、入管難民法が改正されるとともに育成就労法が施行されます。

ここでは、技能実習法と育成就労法の違いについて説明します。基本的な制度内容は異なりますが、法律の構造は非常に似ています。以下、違いを明確にしていきます（違いについては傍点で強調しています）。

①技能実習法と育成就労法の構造上の違い

①技能実習法（外国人の技能実習の適正な実施及び技能実習生の保護に関する法律）

第一章　総則（第一条～第七条）

附則

②育成就労法（外国人の育成就労の適正な実施及び育成就労外国人の保護に関する法律）

第一章　総則（第一条〜第七条の二）
第二章　育成就労
　第一節　育成就労計画（第八条〜第二十二条）
　第二節　監理支援機関（第二十三条〜第四十五条）
　第三節　育成就労外国人の保護（第四十六条〜第四十九条）
　第四節　補則（第五十条〜第五十六条）
第三章　外国人育成就労機構
　第一節　総則（第五十七条〜第六十三条）
　第二節　設立（第六十四条〜第六十八条）
　第三節　役員等（第六十九条〜第八十一条）
　第四節　評議員会（第八十二条〜第八十六条）
　第五節　業務（第八十七条〜第九十条）
　第六節　財務及び会計（第九十一条〜第九十八条）

第七節　監督（第九十九条・第百条）

第八節　補則（第百一条・第百二条）

第四章　雑則（第百三条～第百七条）

第五章　罰則（第百八条～第百十五条）

附則

②育成就労法の概要

育成就労法の概要とポイントについて以下に解説します。

①第一章　総則（第一条～第七条の二）

第一条では「育成就労産業分野」における人材確保が目的となり、「人材育成を通じた開発途上地域等への技能、技術又は知識の移転による国際協力を推進する。」が削除されました。

第二条では「育成就労」「単独型育成就労」「育成就労産業分野」「監理型育成就労」「労働者派遣等育成就労産業分野」「育成就労外国人」「単独型育成就労外国人」「監理型育成就労外国人」「育成就労実施者」「単独育成就労実施者」「監理型育成就労実施実施者」「監理支援」「監理支援機関」が定義されています。なお、技能実習と育成就労の定義の違いは、表3―1のとおりです。

第三条では、基本理念において、技能実習法で定められていた「労働力の需給の調整の手段として行われてはならない。」の文言が削除されました（→ここがポイント：技能実習法では、国際貢献が目的だったため、「労働力の需給の調整手段として行われてはならない。」と規定されていましたが、育成就労では、国際貢献ではなく、人材確保と育成が目的となり、この部分が削除されました）。

第七条の二では育成就労産業分野ごとの分野別運用方針を策定することが定められました。

②第二章　育成就労

（第八条～第五十六条）

第二章の概要を表３―２にまとめまし

表 3-1　技能実習と育成就労の定義の違い

技能実習の定義	育成就労の定義
技能実習	育成就労
企業単独型技能実習	単独型育成就労
―	育成就労産業分野→新設※
団体監理型技能実習	監理型育成就労
―	労働者派遣等育成就労産業分野→新設
技能実習生	育成就労外国人
企業単独型技能実習生	単独型育成就労外国人
団体監理型技能実習生	監理型育成就労外国人
技能実習実施者	育成就労実施者
企業単独型技能実施者	単独育成就労実施者
団体監理型技能実施者	監理型育成就労実施者
実習支援	監理支援
監理団体	監理支援機関

※　技能実習制度は、国際貢献や技術移転を目的とし、具体的な作業を対象としています。これに対して、育成就労制度は特定技能と同じ業務区分に基づき、人手不足が深刻な産業分野に焦点を当てています。

た。ご参照ください。

③第三章　外国人育成就労機構

（第五十七条～第百二条）

第三章の概要を表3―3にまとめました。ご参照ください。

④第五章　罰則

（第百八条～第百十五条）

第五章の概要を表3―4にまとめました。ご参照ください。

制度自体は技能実習法と似ていますが、転籍に関する規制の緩和や新たな運用方針の導入、監理支援機関の強化など、さまざまな違いが明確に

表3-2（1）　第二章の概要

条／項など	内容
第八条	技能実習計画に代えて「育成就労計画」が設けられ、育成就労外国人ごとに、育成就労実施者が個別に育成就労計画を策定します。この計画は、出入国在留管理庁長官および厚生労働大臣の認定を受ける必要があります。
第八条二項	労働者派遣等管理型育成就労の場合には、派遣元及び派遣先が共同して育成就労計画を策定します。
第八条五項	監理型育成就労の場合、育成就労計画は監理支援機関の指導に基づいて作成する必要があります
第八条の二～八条の五	転籍について「育成就労外国人による育成就労実施者の変更の希望の申出等」として定められています。 →ここがポイント：技能実習法では原則として転籍は認められていませんでしたが、育成就労法では転籍に関する制限が緩和されています。
第八条の六	2年未満で一度本国に帰国した場合の再度の育成就労等について「育成就労認定を取り消された外国人等の新たな育成就労計画の認定」として定められています。

なっています。必要事項を確認してください。

３　対象となる外国人労働者の範囲

技能実習制度は、国際貢献や技術移転のための制度であるため、身につけるべき技術（作業）について91職種１６７作業が決められています（表３－５、２０２４年９月30日時点）。

一方、育成就労制度は、人手不足解消のための制度であり、人手不足な産業分野において第１章の表１－１でも示しました

表 3-2（2）　第二章の概要

条／項など	内容
第十二条の二	育成就労産業分野の分野別運用方針で定められた人数枠に達した場合、計画認定を停止する仕組みが設けられています。
第二十三条	監理支援機関に関しては、許可制となっています。
第二十五条一項五号	監理支援機関の許可基準では、外部監査人の設置が必須となっています。
第二十七条	育成就労外国人の斡旋は、育成就労職業紹介事業として、監理支援機関が実施します。
第二十八条	監理支援機関は、監理型育成就労実施者等から監理支援費を徴収することができます。
第五十二条	技能実習評価試験の名称は、育成就労評価試験へと変更されます。

表 3-3　第三章の概要

条／項など	内容
第五十七条	外国人技能実習機構を改編して、外国人育成就労機構となります。
第八十七条の二	外国人育成就労機構は、従来の計画認定や許可手続きに加え、育成就労に関する機構実施職業紹介事業を行います。

表 3-4　第五章の概要

条／項など	内容
第百条十条	監理支援機関が秘密保持義務（第四十四条）に違反した際には、1年以下の懲役または50万円以下の罰金が科されるという厳しい罰則が設けられました。
百十二条第一号、第二号	転籍を受け付けた後の届出・通知に対する罰則が設けられました。 →ここがポイント：転籍を受け付けた後の届出・通知に対する罰則として、30万円以下の罰金となりました。忘れずに、届出・通知をすることが必要になります。

表 3-5（1）　技能実習制度　移行対象職種・作業一覧

1. 農業林業関係（3職種7作業）	
職種名	作業名
耕種農業●	施設園芸
	畑作・野菜
	果樹
畜産農業●	養豚
	養鶏
	酪農
林業	育林・素材生産作業

2. 漁業関係（2職種10作業）	
職種名	作業名
漁船漁業●	かつお一本釣り漁業
	延縄漁業
	いか釣り漁業
	まき網漁業
	ひき網漁業
	刺し網漁業
	定置網漁業
	かに・えびかご漁業
	棒受網漁業△
養殖業●	ほたてがい・まがき養殖

表 3-5（2）　技能実習制度　移行対象職種・作業一覧

3. 建設関係（22 職種 33 作業）	
職種名	作業名
さく井	パーカッション式さく井工事
	ロータリー式さく井工事
建築板金	ダクト板金
	内外装板金
冷凍空気調和機器施工	冷凍空気調和機器施工
建具製作	木製建具手加工
建築大工	大工工事
型枠施工	型枠工事
鉄筋施工	鉄筋組立て
とび	とび
石材施工	石材加工
	石張り
タイル張り	タイル張り
かわらぶき	かわらぶき
左官	左官
配管	建築配管
	プラント配管
熱絶縁施工	保温保冷工事
内装仕上げ施工	プラスチック系床仕上げ工事
	カーペット系床仕上げ工事
	鋼製下地工事
	ボード仕上げ工事
	カーテン工事
サッシ施工	ビル用サッシ施工
防水施工	シーリング防水工事
コンクリート圧送施工	コンクリート圧送工事
ウェルポイント施工	ウェルポイント工事
表装	壁装
建設機械施工●	押土・整地
	積込み
	掘削
	締固め
築炉	築炉

表 3-5（3） 技能実習制度　移行対象職種・作業一覧

4. 食品製造関係（11 職種 19 作業）	
職種名	作業名
缶詰巻締●	缶詰巻締
食鳥処理加工業●	食鳥処理加工
加熱性水産加工食品製造業●	節類製造
	加熱乾製品製造
	調味加工品製造
	くん製品製造
非加熱性水産加工食品製造業●	塩蔵品製造
	乾製品製造
	発酵食品製造
	調理加工品製造
	生食用加工品製造
水産練り製品製造	かまぼこ製品製造
牛豚食肉処理加工業●	牛豚部分肉製造
	牛豚精肉商品製造△
ハム・ソーセージ・ベーコン製造	ハム・ソーセージ・ベーコン製造
パン製造	パン製造
そう菜製造業●	そう菜加工
農産物漬物製造業●△	農産物漬物製造
医療・福祉施設給食製造●△	医療・福祉施設給食製造

5-1. 繊維・衣類関係（13 職種 22 作業）	
職種名	作業名
紡績運転●	前紡工程
	精紡工程
	巻糸工程
	合ねん糸工程
織布運転●	準備工程
	製織工程
	仕上工程
染色	糸浸染
	織物・ニット浸染

表 3-5（4）　技能実習制度　移行対象職種・作業一覧

5-2. 繊維・衣類関係（13 職種 22 作業）	
職種名	作業名
ニット製造品	靴下製造
	丸編みニット製造
たて編ニット生地製造●	たて編ニット生地製造
婦人子供服製造	婦人子供既製服縫製
紳士服製造	紳士既製服縫製
下着類製造●	下着類製造
寝具製作	寝具製作
カーペット製造●△	織じゅうたん製造
	タフテッドカーペット製造
	ニードルパンチカーペット製造
帆布製品製造	帆布製品製造
布はく縫製	ワイシャツ製造
座席シート縫製●	自動車シート縫製

6-1. 機械・金属関係（17 職種 34 作業）	
職種名	作業名
鋳造	鋳鉄鋳物鋳造
	非鉄金属鋳物鋳造
鍛造	ハンマ型鍛造
	プレス型鍛造
ダイカスト	ホットチャンバダイカスト
	コールドチャンバダイカスト
機械加工	普通旋盤
	フライス盤
	数値制御旋盤
	マシニングセンタ
金属プレス加工	金属プレス
鉄工	構造物鉄工
工場板金	機械板金
めっき	電気めっき
	溶融亜鉛めっき

表 3-5（5） 技能実習制度　移行対象職種・作業一覧

6-2. 機械・金属関係（17 職種 34 作業）	
職種名	作業名
アルミニウム陽極酸化処理	陽極酸化処理
仕上げ	治工具仕上げ
	金型仕上げ
	機械組立仕上げ
機械検査	機械検査
機械保全	機械系保全
電子機器組立て	電子機器組立て
電気機器組立て	回転電気組立て
	変圧器組立て
	配電盤・制御盤組立て
	開閉制御器具組立て
	回転電気巻線組立て
プリント配線板製造	プリント配線板設計
	プリント配線板製造
アルミニウム圧延・押出製品製造●△	引抜加工
	仕上げ
金属熱処理業●	全体熱処理
	表面熱処理（浸炭･浸炭窒化･窒化）
	部分熱処理（高周波熱処理・炎熱処理）

7-1. その他（21 職種 38 作業）	
職種名	作業名
家具製作	家具手加工
印刷	オフセット印刷
	グラビア印刷●△
製本	製本
プラスチック成形	圧縮成形
	射出成形
	インフレーション成形
	ブロー成形

表 3-5（6）　技能実習制度　移行対象職種・作業一覧

7-2. その他（21 職種 38 作業）	
職種名	作業名
強化プラスチック形成	手積み層成形
塗装	建築塗装
	金属塗装
	鋼橋塗装
	噴霧塗装
溶接●	手溶接
	半自動溶接
工業包装	工業包装
紙器・段ボール箱製造	印刷箱打抜き
	印刷箱製箱
	貼箱製造
	段ボール箱製造
陶磁器工業製品製造●	機械ろくろ成形
	圧力鋳込み成形
	パッド成形
自動車整備●	自動車整備
ビルクリーニング	ビルクリーニング
介護●	介護
リネンサプライ●△	リネンサプライ仕上げ
コンクリート製品製造●	コンクリート製品製造
宿泊●△	接客・衛生管理
RPF 製造●	RPF
鉄道施設保守整備●	軌道保守整備
ゴム製品製造●△	成形加工
	押出し加工
	混練り圧延加工
	複合積層加工
鉄道車両整備●	走行装置検修・解ぎ装
	空気装置検修・解ぎ装
木材加工●△	機械製材

表3-5（7） 技能実習制度　移行対象職種・作業一覧

○ 社内検定型の職種・作業（2職種4作業）	
職種名	作業名
空港グランドハンドリング●	航空機地上支援
	航空貨物取扱
	客室清掃
ボイラーメンテナンス●△	ボイラーメンテナンス

（注1）●の職種：技能実習評価試験に係る職種
（注2）△のない職種・作業は3号まで実習可能

表3-6 特定産業分野

1	介護分野
2	ビルクリーニング分野
3	工業製品製造業分野
4	建設分野
5	造船・舶用工業分野
6	自動車整備分野
7	航空分野
8	宿泊分野
9	自動車運送業分野
10	鉄道分野
11	農業分野
12	漁業分野
13	飲食料品製造業分野
14	外食業分野
15	林業分野
16	木材産業分野

参考：特定技能の在留資格に係る制度の運用に関する基本方針
出入国在留管理局（https://www.moj.go.jp/isa/content/001416434.pdf）

が、16分野を対象にしています。新制度で対象となる職種・分野は、特定技能制度で受け入れが認められている「特定産業分野」に限定されています。特定産業分野は、表3－6に再掲するように16分野です。２０２４年3月29日の閣議決定により、これまで技能実習では受け入れ可能でも特定技能では対象外だった職種・作業のほとんどが、特定技能の対象となりました。現在、対象になっていない職種・作業についても変更される可能性がありますので、随時ご確認ください。

また、育成就労制度では、外国人労働者が日本で働き始める際、基本的にA1（N5）レベルの試験に合格しているか、もしくは一定期間の講習を受けることで就労が可能となります。

特定技能1号に移行する際には、さらに高いレベルであるA2（N4）レベルの試験に合格するか、同じく一定期間の講習を受ける必要があります。この仕組みにより、外国人労働者が日本で長くキャリアを築き、活躍できる環境を整えています。

4　新制度と旧制度の違い

日本の外国人労働政策における新旧制度の違いには、いくつかの重要な点があります。ここでは、技能実習制度と特定技能制度、そして新しい育成就労制度のおもな違いとその理由について詳しくみていきます。

①技能実習制度との比較

まずは、技能実習制度と育成就労制度の違いをみていきましょう。

表3―7にもまとめましたが、各項目に関する事項について詳述します。

表 3-7　技能実習制度と育成就労制度の違い

項目	技能実習制度	育成就労制度
制度の目的	国際貢献	人材育成・確保
在留資格	技能実習1号・2号・3号	育成就労
在留期間	最長5年	原則3年で「特定技能」水準の人材に育成
転籍	原則不可	「やむを得ない事情がある場合」又は「本人意向の場合」は一定の要件(同一機関で1年超就労、A1(N5)等合格、技能検定試験基礎級等合格、転籍先の適切性、同一業務区分)がある
監督機関	外国人技能実習機構	外国人育成就労機構
支援機関	監理団体	監理支援機関 外部から「監査人」設置
計画	技能実習計画	育成就労計画
日本語能力	原則なし	A1(N5)等合格又は講習受講(一定の期間)

①在留資格

在留資格は、「技能実習」から「育成就労」になります。技能実習の在留資格については1号・2号・3号があります。詳細については表3―8をご確認ください。

②在留期間

技能実習は、1号→2号→3号と移行した場合、最長5年が限度となっています。育成就労では、日本で働き続けてもらうため、3年で特定技能の水準まで育成します。

③転籍

技能実習制度では、基本的に転籍は認められておらず、これが技能実習生の失踪の一因

表3-8　技能実習の在留資格

号	活動内容	在留期間
1号	イ　技能実習法上の認定を受けた技能実習計画（第一号企業単独型技能実習に係るものに係る。）に基づいて、講習を受け、及び技能等に係る業務に従事する活動	法務大臣が個々に指定する期間（1年を超えない範囲）
	ロ　技能実習法上の認定を受けた技能実習計画（第一号団体監理型技能実習に係るものに係る。）に基づいて、講習を受け、及び技能等に係る業務に従事する活動	
2号	イ　技能実習法上の認定を受けた技能実習計画（第二号企業単独型技能実習に係るものに限る。）に基づいて技能等を要する業務に従事する活動	法務大臣が個々に指定する期間（2年を超えない範囲）
	ロ　技能実習法上の認定を受けた技能実習計画（第二号団体監理型技能実習に係るものに限る。）に基づいて技能等を要する業務に従事する活動	
3号	イ　技能実習法上の認定を受けた技能実習計画（第三号企業単独型技能実習に係るものに係る。）に基づいて技能等を要する業務に従事する活動	法務大臣が個々に指定する期間（2年を超えない範囲）
	ロ　技能実習法上の認定を受けた技能実習計画（第三号団体監理型技能実習に係るものに係るものに限る。）に基づいて技能等を要する業務に従事する活動	

になっていました。しかし、育成就労制度では、転籍の制限が緩和され、やむを得ない事情がある場合や以下の要件を満たすと、同一業務区分内で本人の意向による転籍が認められるようになります。

以下が、その条件です。

○同一の機関で1年を超えて就労していること。
○日本語能力試験A1（N5）など、一定水準以上の日本語能力試験に合格していること。
○技能検定試験基礎級などに合格していること。
○転籍先が適切であると認められる一定の要件を満たしていること。

④監督機関

技能実習制度では、監督機関は「外国人技能実習機構」が担当しています。一方、育成就労制度では「外国人育成就労機構」が監督機関となります。

⑤支援機関と計画

技能実習制度では「監理団体」が存在し、育成就労制度では「監理支援機関」が設けられています。新しい育成就労制度では、外部から「監査人」を配置することが義務づけられています。また、技能

表 3-9　特定技能制度と育成就労制度の違い

項目	特定技能制度	育成就労制度
制度の目的	人材確保	人材育成・確保
在留資格	特定技能	育成就労
在留期間	特定技能１号：通算５年 特定技能２号：制限なし	原則３年で「特定技能」水準の人材に育成
転籍	原則 同一業務区分内のみ可	「やむを得ない事情がある場合」又は「本人意向の場合」は一定の要件(同一機関で１年超就労、Ａ１（Ｎ５）等合格、技能検定試験基礎級等合格、転籍先の適切性、同一業務区分）がある
監督機関	出入国在留管理庁	外国人育成就労機構
支援機関	登録支援機関	監理支援機関 外部から「監査人」設置
計画	特定技能外国人支援計画	育成就労計画
日本語能力	特定技能試験・日本語能力試験などに合格	A1（N5）等合格又は講習受講（一定の期間）

実習制度で使用されている「技能実習計画」に対して、育成就労制度では「育成就労計画」が導入されています。

⑥日本語能力

技能実習制度では、日本語能力に関する要件はありませんでしたが、育成就労制度ではＡ１（Ｎ５）などの日本語試験合格、もしくは一定期間の講習の受講が必要です。

②特定技能制度との比較

次に、特定技能制度と育成就労制度の違いをみていきましょう。

二つの制度の違いを表３―９にまとめました。各項目に関するポイントについて解説します。

①在留資格

在留資格は、特定技能制度では「特定技能」、育成就労制度では「育成就労」となります。

②在留期間

特定技能制度では在留期間が限定されており、特定技能1号で最大5年、特定技能2号はそれ以上の更新が可能です。育成就労制度は、育成期間を経て特定技能1号または2号への移行がスムーズに行われるよう配慮されており、外国人労働者がより長期間日本で働くことが可能です。

③転籍

特定技能の在留資格は特定の仕事に就くことを要件としていますので、介護なら介護、建設なら建設のように、同一の業務区分に限り転籍可能です。育成就労制度では、やむを得ない事情がある場合や同一業務区分内で本人の意向による転籍が認められるようになります。

④監督機関

特定技能の監督機関は、「出入国在留管理庁」です。育成就労の監督機関は、「外国人育成就労機構」です。

⑤支援機関と計画

特定技能で外国人労働者を受け入れる際は、法務大臣による在留資格審査があり、企業は支援計画を策定して提出しなければなりません。ほかにも、地方出入国在留管理局への届出も必要です。育成就労で外国人労働者を受け入れるときには、法務大臣による在留資格審査が行われます。さらに、外国人育成就労機構に育成就労計画を提出し、認可を受けます。

⑥日本語能力

特定技能のそれぞれの分野では就業前に特定技能試験や日本語能力試験などが行われます。育成就労についてもA1（N5）などの日本語試験合格、もしくは一定期間の講習の受講が必要です。

これらの制度間の違いは、日本の外国人労働政策が単なる短期的な労働力不足の解消から、持続可能な外国人労働者の受け入れへと移行していることを示しています。

5　技能実習制度との関係

現行の技能実習制度からの移行プロセスと見直し後のプロセスについてのイメージは、図3―1のと

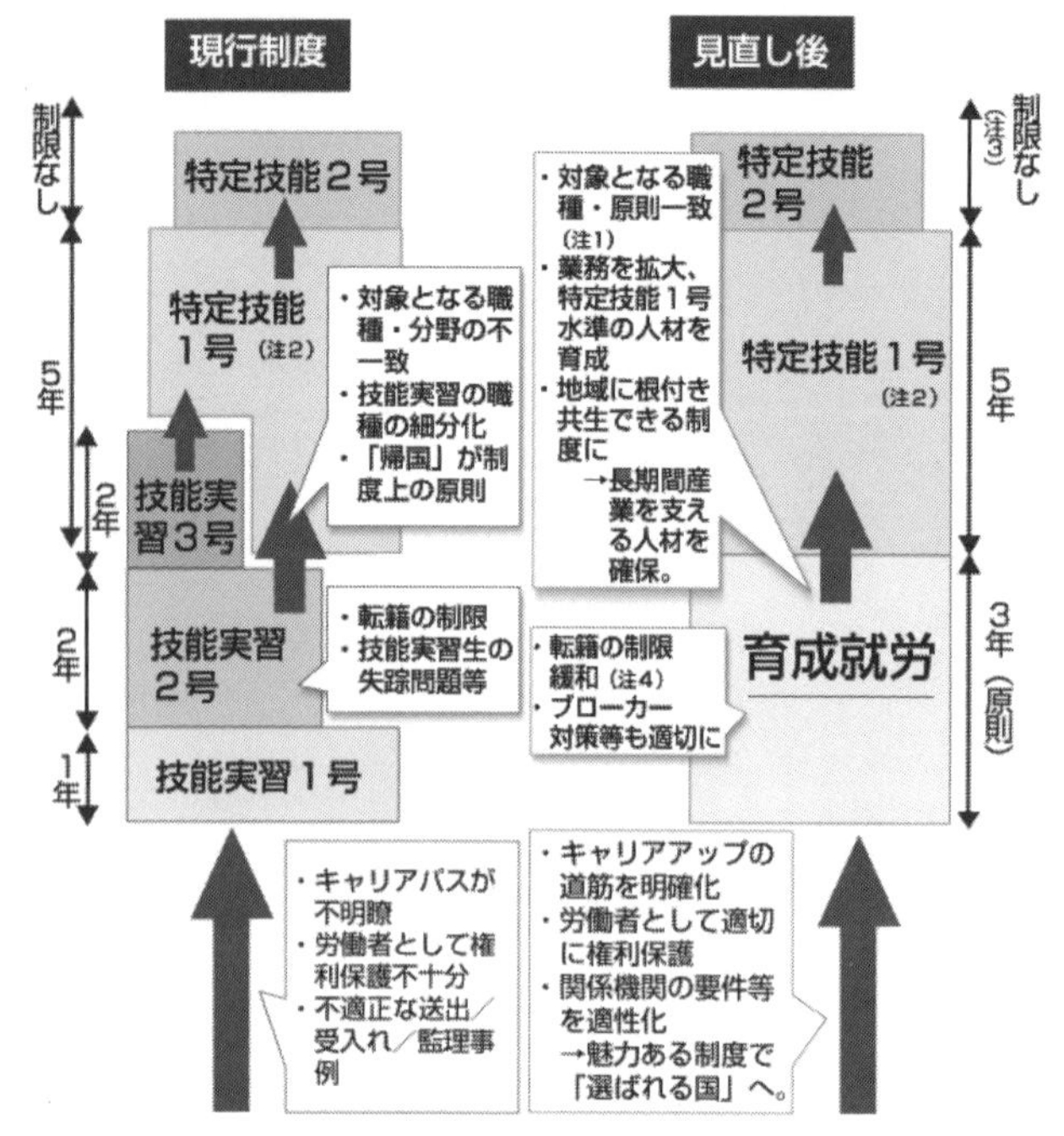

図 3-1　制度見直しのイメージ

（注１）育成就労制度の受け入れ対象分野は特定産業分野と原則一致させるが、国内での育成になじまない分野は育成就労の対象外。

（注２）特定技能１号については、「試験ルート」での在留資格取得も可能。

（注３）永住許可につながる場合があるところ、永住許可の要件を一層明確化し、当該要件を満たさなくなった場合等を永住の在留資格取消事由として追加する。

（注４）転籍の制限緩和の内容

○「やむを得ない事情がある場合」の転籍の範囲を拡大・明確化するとともに、手続を柔軟化。

○以下を要件に、同一業務区分内での本人意向による転籍を認める。

・同一機関での就労が１～２年（分野ごとに設定）を超えている
・技能検定試験基礎級等及び一定水準以上の日本語能力に係る試験への合格
・転籍先が、適切と認められる一定の要件を満たす

表 3-10　技能実習制度と育成就労制度の重要な違い

項目	技能実習制度	育成就労制度
受け入れ可能職種及び分野	91 職種 167 作業（2024 年 9 月現在）	16 分野（2024 年 4 月現在）
移行条件	技能検定に合格するなどの一定の技術レベルが必要。日本語能力については問われない。	A1（N5）等合格又は講習受講（一定の期間）
転籍	原則不可	「やむを得ない事情がある場合」又は「本人意向の場合」は一定の要件（同一機関で１年超就労、A１（N５）等合格、技能検定試験基礎級等合格、転籍先の適切性、同一業務区分）がある
監督機関	外国人技能実習機構	外国人育成就労機構
支援・保護	外国人技能実習機構による支援・保護	外国人育成就労機構による支援・保護 保護体制を強化

おりです。技能実習制度においては、技能検定に合格することで技能実習2号・3号への移行が可能です。育成就労制度では、A１（N５）以上の能力を持つことが条件となり、2年目以降に受け入れ先の転籍が認められる場合があります。

技能実習制度では、最長5年間の在留期間で、長期雇用は難しかったのですが、育成就労制度では3年間の育成就労後、特定技能1号の在留資格を取得すれば、そのまま継続して働けるため、長期雇用が可能となります。

技能実習制度と新たに導入される「育成就労制度」は、外国人労働者の受け入れと育成を目的としていますが、いくつか重要な違いがあります（表３―10）。以下にそれらの違いを詳しく説明します。

①受け入れ可能職種および分野

育成就労の目的は技能実習とは違い、「特定技能に移行できる人材を育成すること」であるため、受け入れができる職種も特定技能と同じ産業分類に限定されることになります。技能実習から特定技能への移行が許可されていない職種の場合、育成就労になったときに受け入れができなくなる可能性がありますので、注意が必要です。技能実習制度の受け入れ可能職種は、前掲の表３―５に掲載しておりますので、ご確認ください。

②移行条件

技能実習制度では、日本語能力について明確に決められていませんでした。

育成就労制度施行後は、Ａ１（Ｎ５）試験合格もしくは、相当の講習（一定期間）の受講が必要です。

③転籍

技能実習制度では、原則転籍は認められていません。しかし育成就労制度では、やむを得ない事情がある場合や同一業務区分内で本人の意向による転籍が認められるようになります。

④支援・保護

技能実習制度は、「外国人技能実習機構」の管轄となっていましたが、育成就労では「外国人育成就労機構」が管轄となり、外国人労働者の保護体制が強化され、人材受け入れにかかわる団体の許可要件などについても厳格化されるものと考えられます。

このように技能実習制度と育成就労制度の違いは、外国人労働者の受け入れ方法や支援・保護体制に関する重要な変更点を含んでいます。特に、日本語能力の要件や転籍の柔軟性が導入され、外国人労働者に対する支援・保護体制が強化されます。

この移行により、長期的かつ安定した雇用関係の構築が期待されます。

6　特定技能制度の概要

特定技能とは、人材確保のため特定の産業分野において一定の専門性や技能を持つ外国人を受け入れるため２０１９年に創設した在留資格です。特定技能制度における「特定技能1号と2号の資格要件と

表 3-11　特定技能 1 号と 2 号の資格要件とおもな違い

項目	特定技能1号	特定技能2号
在留期間	最長5年間	上限なし
技能水準	試験等で確認（技能実習2号修了者は試験免除）	試験等で確認
日本語能力水準	試験等で確認（技能実習2号を修了者は試験免除）	分野による
家族の帯同	原則として家族の帯同は認められていない	要件を満たせば、配偶者や子の帯同が認められている
就労可能な分野	16分野	11分野

おもな違い」と「就労可能な分野」について解説します（表3―11）。

特定技能1号・2号の就労可能な分野については、表3―12のとおりです。

特定技能1号と2号の資格要件には、在留期間、就労可能な分野などにおいて大きな違いがあり、特定技能1号は在留期間の制約がある一方、特定技能2号はより長期的な滞在と家族帯同が認めれる点が特徴です。

7　育成就労から特定技能への移行プロセス

「育成就労から特定技能への移行プロセス」について、図3―2をご覧ください。重要なポイントは三つあります。

表3-12　特定技能１号・２号が就労可能な分野

分野名	特定技能1号	特定技能2号
介護	○	
ビルクリーニング	○	○
工業製品製造業	○	○
建設	○	○
造船・舶用工業	○	○
自動車整備	○	○
航空	○	○
宿泊	○	○
農業	○	○
漁業	○	○
飲食料品製造業	○	○
外食業	○	○
自動車運送業	○	
鉄道	○	
林業	○	
木材産業	○	

ポイント①：日本語能力の要件

○育成就労開始前：A1（N5）相当の日本語能力または相当の講習が必要（当分の間）。

○特定技能1号への移行時：A2（N4）相当の日本語能力が必要。

○特定技能2号への移行時：分野により条件が異なる。

ポイント②：産業分野の制限

育成就労が認められる産業分野は、特定技能の範囲内に限定されます。

ポイント③：転籍の可能性

育成就労中、やむを得ない事情や本人の意向により、同一業務区分内で転籍が認められる場合があります（条件は育成就労制度と同じ）。

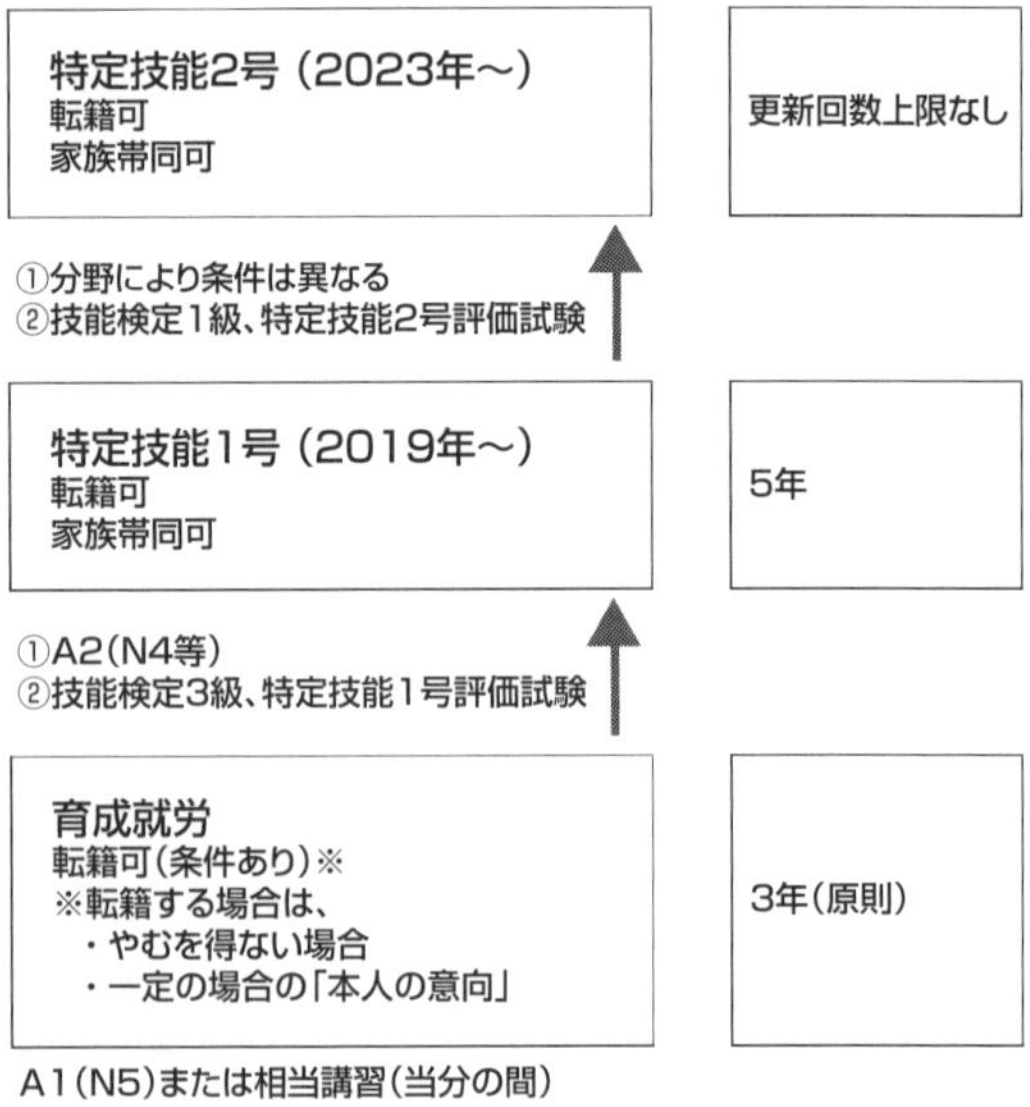

特定技能2号（2023年～）
転籍可
家族帯同可

更新回数上限なし

①分野により条件は異なる
②技能検定1級、特定技能2号評価試験

特定技能1号（2019年～）
転籍可
家族帯同可

5年

①A2（N4等）
②技能検定3級、特定技能1号評価試験

育成就労
転籍可（条件あり）※
※転籍する場合は、
・やむを得ない場合
・一定の場合の「本人の意向」

3年（原則）

A1（N5）または相当講習（当分の間）

図 3-2　育成就労から特定技能への移行プロセス

このように、育成就労から特定技能へ移行するためには、日本語能力と技能要件を段階的に習得することが求められます。

8　新制度の導入のスケジュール

新制度を創設するにあたり、16回にわたる「技能実習制度及び特定技能制度の在り方に関する有識者会議」が開催され、法務大臣に最終報告書が提出され、その後、法案が成立しました。施行日については現時点では未定ですが、これまでの詳細なスケジュールは表3―13のとおりです。新制度への移行期間は十分に確保されることが明記されており、2027年の開始が有力視されています。

現在のところ、新制度に関しては未確定な部分が多いものの、技能実習生の採用を控える必要はないと考えられます。

９　新制度に関する政府の方針

２０２３年11月30日の「技能実習制度及び特定技能制度の在り方に関する有識者会議」での最終報告書では、制度の見直しに当たっての基本的な考え方について三つの視点（ビジョン）と四つの方向性を示しています。

①三つの視点（ビジョン）

①外国人の人権が保護され、

表 3-13（1）　新制度導入のこれまでと今後のスケジュール

年／月／日	事項
2022 年 12 月 14 日	第１回　「技能実習制度及び特定技能制度の在り方に関する有識者会議」の開催について
2023 年 1 月 31 日	第２回　技能実習制度及び特定技能制度の在り方に関する論点
2023 年 2 月 15 日	第３回　ヒアリング結果について
2023 年 3 月 8 日	第４回　ヒアリング結果について
2024 年 4 月 10 日	第５回　中間報告書（たたき台）について
2023 年 4 月 19 日	第６回　中間報告書（案）について
2023 年 4 月 28 日	第７回　中間報告書（案）について
2023 年 5 月 11 日	中間報告書が関係閣僚会議の共同議長である法務大臣に提出
2023 年 6 月 14 日	第８回　最終報告書の取りまとめに向けた論点（案）の提示
2023 年 6 月 30 日	第９回　最終報告書の取りまとめに向けた論点（案）の修正
2023 年 7 月 31 日	第 10 回　最終報告書の取りまとめに向けた論点
2023 年 10 月 4 日	第 11 回　最終報告書の取りまとめに向けた論点に関する委員意見一覧
2023 年 10 月 18 日	第 12 回　最終報告書（たたき台）概要、最終報告書（たたき台）（提言部分）
2023 年 10 月 27 日	第 13 回　最終報告書（たたき台）概要、最終報告書（たたき台）（提言部分等）

表 3-13（2） 新制度導入のこれまでと今後のスケジュール

年／月／日	事項
2023 年 11 月 8 日	第 14 回　最終報告書（たたき台）概要、最終報告書（たたき台）（提言部分等）
2023 年 11 月 15 日	第 15 回　最終報告書（たたき台）について
2023 年 11 月 24 日	第 16 回　最終報告書（案）について
2023 年 11 月 30 日	「技能実習制度及び特定技能制度の在り方に関する有識者会議」にて最終報告書案が関係閣僚会議の共同議長である法務大臣に提出
2023 年 12 月 14 日	与党提言（自民党）技能実習制度・特定技能制度見直しに向けた提言
2023 年 12 月 21 日	与党提言（公明党）提言
2024 年 2 月 9 日	第 17 回　外国人材の受入れ・共生に関する関係閣僚会議 技能実習制度及び特定技能の在り方に関する有識者会議最終報告書を踏まえた政府の対応について
2024 年 3 月 15 日	「技能実習制度の廃止と新制度『育成就労』の新設」を含む出入国管理法、技能実習法等の改正案が閣議決定
2024 年 3 月 29 日	第 18 回　外国人材の受入れ・共生に関する関係閣僚会議 特定技能の在留資格に係る制度の運用に関する基本方針の一部変更について
2024 年 6 月 14 日	参議院本会議で賛成多数で可決・成立
2024 年 6 月 21 日	第 19 回　外国人材の受入れ・共生に関する関係閣僚会議決定 「外国人との共生社会の実現に向けたロードマップ（令和 6 年度一部変更）」について 「外国人材の受入れ・共生のための総合的対応策（令和 6 年度改訂）」について外国人材の受入れ・共生のための総合的対応策
2027 年開始予定（詳細は未定）	育成就労制度の開始予定（詳細は未定）
2030 年頃予定（詳細は未定）	育成就労制度への完全移行予定（詳細は未定）

労働者としての権利性を高めること。
②外国人がキャリアアップしつつ活躍できるわかりやすい仕組みをつくること。
③すべての人が安全安心に暮らすことができる外国人との共生社会の実現に資するものとすること。

②四つの方向性

①技能実習制度を人材確保と人材育成を目的とする新たな制度とするなど、実態に即した見直しとすること。
②外国人材に我が国が選ばれるよう、技能・知識を段階的に向上させその結果を客観的に確認できる仕組みを設けることでキャリアパスを明確化し、新たな制度から特定技能制度へ円滑な移行を図ること。
③人権保護の観点から、一定の要件の下で本人の意向による転籍を認めるとともに、監理団体などの要件厳格化や関係機関の役割の明確化などの措置を講じること。
④日本語能力を段階的に向上させる仕組みの構築や受け入れ環境整備の取り組みにより、共生社会の実現を目指すこと。

③それぞれの視点の解説

「外国人労働者の人権保護」「キャリアパスの構築」「共生社会」について以下に詳説します。

①外国人労働者の人権保護

育成就労制度において外国人労働者の権利を守るためにさまざまな仕組みが導入されています。例えば、一定の条件を満たした場合、外国人労働者が所属する企業から他の企業へ転籍することが認められ、よりよい労働環境を選択できるようになります。また、技能実習機構は、外国人労働者の権利が侵害されないように監督指導を行い、労働基準監督署や地方出入国在留管理局とも協力し、労働環境の改善や違法行為の取り締りを強化しています。さらに、監理団体に対する許可要件を厳しくし、不正や劣悪な管理体制を排除するための取り組みが進められています。加えて、外国人労働者の送り出し国との二国間協定（ＭＯＣ）により、送出機関の監視を強化し、外国人労働者の人権が守られる体制を整備しています。

②キャリアパスの構築

外国人労働者が技能を高め、将来的なキャリアを見据えた働き方を支援する仕組みを活用するとよいでしょう。外国人労働者が職業スキルを向上させるための訓練や研修プログラムが提供され、将来的に専門的な職業に転換できるようなキャリアパスの構築が奨励されています。

③共生社会

多文化共生の促進が大きなテーマとなっています。外国人労働者が地域社会に適応し、地元住民とともに生活できる環境を整えるために、言葉や文化の違いを尊重しあう取り組みが推進されています。特に、日本語能力の向上に力を入れています。

10　新制度に関する企業の役割

育成就労制度における企業の役割は、コンプライアンスの徹底、雇用管理の適正化、そして教育研修が重要です。

①コンプライアンス

○企業は、労働基準法や入管難民法など、すべての関連法規を遵守する必要があります。

○労働条件通知書を適切に交付し、賃金や労働時間、休日などの契約内容を明確にします。

○外国人労働者に対する人権尊重を徹底し、差別やハラスメント防止策を実施して、労働者の尊厳を守ります。

○監理支援機関と協力して、定期的に労働環境の監査を行い、問題があれば速やかに是正措置を講じます。

②雇用管理の適正化

○外国人労働者の勤務時間や労働状況を適切に管理し、法定の労働時間を守り、適正な賃金を支払います。

○外国人労働者が安全で健康的な環境で働けるように、安全教育や健康診断を実施します。

○外国人労働者が安心して相談できる窓口を設け、問題があれば迅速に対応する体制を整えます。

○定期的に外国人労働者と面談し、勤務状況や問題点を把握し、必要なサポートを提供します。

③教育研修

○新たに入社する育成就労者には、会社のルールや日本の労働文化に関する導入研修を実施し、職場環境への早期適応を支援します。

○外国人労働者が特定技能1号や2号に移行できるよう、キャリアアップを支援するプログラムを提供します。

○外国人労働者のパフォーマンスを評価し、フィードバックを行い、さらなる研修やサポートを計画します。

○外国人労働者に日本語能力や技術の向上のための学習機会を提供します。

企業は、法令を守り、適正な労働条件や人権を尊重し、外国人労働者が安心して働ける環境を整える責任があります。外国人労働者もまた、技能を高め、企業との良好な関係を築くことで、キャリアアップを目指すことが求められます。この協力関係により、育成就労制度の目的である労働力確保と外国人労働者のキャリア形成が実現されます。

11　新制度と国・自治体の役割

育成就労制度において、国や自治体の役割は重要です。地方の入国管理局、新たな機構、労働基準監督署などが連携し、不適正な受け入れや雇用を排除することが求められています。

制度を所管する省庁は、業務を所管する省庁との連絡調整を行い、制度運用の中心的役割を担います。業務を所管する省庁は、受け入れガイドラインやキャリア形成プログラムの策定、分野別協議会の活用などを通じて制度を支えます。日本語教育機関は、日本語教育を適正かつ確実に実施し、その水準を維持・向上させることが求められています。自治体は、地域協議会への積極的な参画を通じて共生社会の実現を目指し、地域産業政策の観点から外国人材の受け入れ環境整備などの取り組みを推進します。

このように、多様な機関や団体が連携して、外国人労働者の適正な受け入れと就労を支援する体制を構築しています。

12　新制度と関係機関の在り方

①監理支援機関・登録支援機関

○育成就労制度の下での監理団体（監理支援機関）は、受け入れ機関と密接な関係を有する役職員の監理への関与を制限し、外部監査人の設置を義務化することで独立性と中立性を確保します。また、受け入れ機関数に応じた職員の配置や相談対応体制を整備し、機能を十分に果たせない監理団体は許可されません。

○特定技能外国人に対する支援が適切に行われるよう、受け入れ機関が支援業務を他に委託する場合、その委託先を登録支援機関に限定します。

○手続き全般の簡素化・合理化を進め、優良な監理支援機関および登録支援機関に対しては更なる簡素化措置を講じます。

②受け入れ機関

○受け入れ機関ごとの受け入れ人数枠を含む育成・支援体制の要件を適正化し、分野別協議会への加入などの要件を設けます。

○現行の技能実習制度の国際貢献目的に由来する要件は撤廃します。

○就労期間に応じた昇給、待遇の向上、生活文化研修や日本語能力の向上方策の実施、相談対応体制の確保、外国人労働者本人の連絡先や預金口座等の適正な把握を講じます。

○手続き全般の簡素化・合理化を進め、優良な監理支援機関および登録支援機関に対しては更なる簡素化措置を講じます。

○来日後のミスマッチや労働条件などに係る認識の相違を防止するため、受け入れ機関に係る情報の透明性を高め、外国人労働者が安心して働ける受け入れ機関を直接選択できるようにします。

③送出機関

○二国間取り決め（ＭＯＣ）を新たに作成し、悪質な送出機関の排除に向けた取り組みを強化します。原則として、当該取り決めを作成した国の送出機関からのみ受け入れを行います。

○各送出機関が徴収する手数料などの情報の公開を求め、監理支援機関などが質の高い送出機関を選択できるようにします。

○外国人労働者が送出機関に支払う手数料などが不当に高額とならないようにし、手数料などを受け入れ機関と外国人労働者が適切に分担する仕組みを導入し、外国人労働者の負担を軽減します。

④外国人育成就労機構

○外国人技能実習機構を外国人育成就労機構に改組し、育成就労制度の対象となる外国人に対する支援・保護業務を行うとともに、特定技能外国人への相談援助業務も行います。

○外国人育成就労機構の監督指導機能や支援・保護機能を強化し、そのために必要な体制を整備します。また、労働基準監督署、地方出入国在留管理局などとの連携を強化します。

このように、育成就労制度の円滑な運用と外国人労働者の適正な受け入れを実現するために、関係機関の在り方を見直し、制度全体の質の向上を図ります。

13　新制度の課題と今後の展望

新制度の課題と今後の展望について考察します。

①課題

①不適正な受け入れと雇用

不適正な受け入れや雇用の問題が依然として存在しています。これには、労働条件が適切に守られないケースや、契約内容と実際の労働条件が異なる問題などが含まれます。不適正な受け入れは、外国人労働者の権利侵害につながるだけでなく、制度全体の信頼性を損なう原因となります。

②言葉・文化の壁

これは特に重要なことなので繰り返し述べますが、日本語教育の充実が求められる一方で、習慣や文化の違いによるコミュニケーションに関する問題も深刻です。外国人労働者が職場に適応し、効果的に働くためには、日本語教育の強化とともに、文化理解を促進する取り組みが必要です。

③キャリア形成の課題

育成就労制度では、外国人労働者のキャリア形成が重要なテーマとなっていますが、実際にはキャリアパスやプログラムが十分に機能していないケースもみられます。特に、中小企業では、リソース不足から十分なキャリアサポートを提供できないことも多いでしょう。

④地域の受け入れ体制

地域によっては、外国人労働者を受け入れるための体制が整っていないところもあります。地域協議会の設置や自治体の積極的な関与が求められる一方で、具体的な支援策やインフラ整備が不足しているケースもあります。

②今後の展望

①法令遵守の強化

不適正な受け入れや雇用を排除するために、法令遵守の強化が必要です。地方の入国管理局や労働基準監督署、新たな機構が連携し、厳格な監査と取り締まりを実施することで、制度の信頼性を高めることが求められます。

②日本語教育の充実

日本語教育機関による適正かつ確実な教育の実施が重要です。さらに、職場においても継続的な日本語学習の機会を提供することで、外国人労働者の言語能力を向上させることが期待されます。

③キャリア形成プログラムやキャリアパスの整備
外国人労働者のキャリア形成を支援するためのプログラムやキャリアパスを整備し、企業と連携して実施することが必要です。特に、中小企業に対しては、政府や業界団体が支援策を講じ、キャリアサポートの強化を図ることが望まれます。

④地域の受け入れ体制の強化
自治体は地域協議会への積極的な参画を通じて、外国人労働者の受け入れ環境を整備することが重要です。具体的には、住宅支援や生活相談サービスの充実、地域住民との交流促進など、共生社会の実現に向けた取り組みが求められます。

⑤官民連携の推進
政府、企業、教育機関、自治体などが連携し、外国人労働者の受け入れ体制を強化することが必要です。官民連携を推進することで、制度の運用がスムーズに進み、外国人労働者が安心して働ける環境を整えることができます。

以上の課題に対応しつつ、育成就労制度を適正かつ効果的に運用することで、外国人労働者の能力を最大限に活かし、共生社会の実現に向けた道筋を描いていくことが求められます。

14　新制度に向けて企業が準備すること

企業が新制度に向けて準備するために必要なポイントを簡潔に説明します。

①監理団体との相談：新制度の詳細はまだ未確定の部分も多いため、監理団体と早めに相談することが重要です。

②日本語能力の準備：新制度では一定の日本語能力が求められるため、学習環境を整える必要があります。

③定着施策：転籍可能な場合があるので、外国人労働者の定着に向けたキャリアパスの構築が重要です。

④費用負担：雇用に関する費用が増える可能性があるため、事前に費用を計上する必要があります。

施行までまだ時間がありますので、万全の準備を行うことが成功の鍵を握ります。

コラム② 外国人労働者からみた日本という国
（外国人はどのような目的で日本を選ぶのか）

外国人労働者は、どのような基準で日本を選んでいるのでしょうか。以下のような理由が考えられます。

①日本文化の魅力

日本の文化が魅力的であることです。日本は独自の文化を持ち、観光地としても人気があります。歴史や伝統、食文化などに惹かれて日本を訪れ、そのまま住み続ける外国人も多くいます。代表的なものとして、アニメがあります。母国で幼いころより、テレビやインターネットの影響を受け、日本に興味を持つ方も多いのです。

②治安の良さ

日本は、夜間でも比較的安心して出歩ける治安の良さを誇ります。特に、女性が一人で歩いていても安全な生活環境には驚かれる方もいます。また、世界的にみても犯罪率が低い国といえるでしょう。

これらのことから、家族が安心して日本で働くことを勧めるケースもあるようです。

③快適な気候

日本の気候には、四季があり、過度に暑すぎることも（近年はそうでない夏も多くなりましたが）寒すぎることもありません。特に春や秋は過ごしやすい気候で、多くの地域で快適な生活を送ることができます。

④生活の利便性

交通機関やインフラが非常に発達しており、日常生活の利便性が高いことも挙げられます。電車やバスの運行が正確で、どこにでもアクセスしやすい環境が整っています。

⑤宗教的な寛容性

日本の神道は「八百万の神」といわれるように、無数の神々が存在し、自然や人々の生活に宿るとされる信仰です。この考え方は、特定の宗教に限定されず、多様な信仰を尊重する文化を育んでいます。これにより、外国人労働者が自分の宗教を維持しやすい環境が整っています。

日本は、その豊かな文化、治安の良さ、快適な気候、便利な生活インフラ、宗教的寛容性といった多くの魅力を持つ国です。これらの要素が、外国人労働者が日本を選ぶ大きな理由となっています。特に、治安の良さや生活の利便性は、外国人労働者が安心して働き、生活するうえで重要なポイントです。また、日本文化や宗教的な寛容性も、外国人労働者が日本での生活に馴染むための大きな要因となっています。

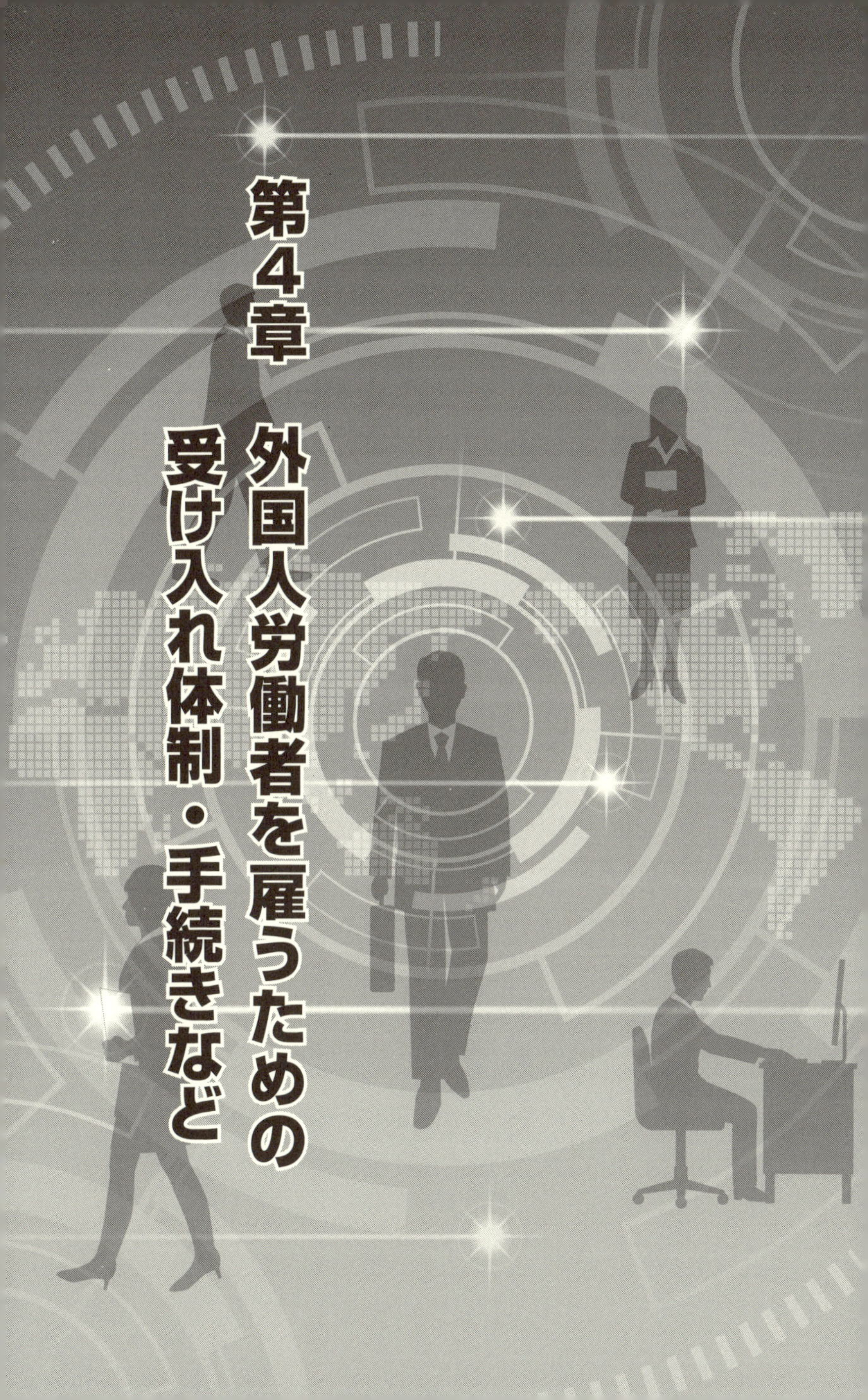

第4章　外国人労働者を雇うための受け入れ体制・手続きなど

1　在留資格の確認

外国人労働者を雇い入れる場合、在留資格の確認をする必要があります。在留資格は、大きく分けると、「就労が認められる在留資格（活動制限あり）」「身分・地位に基づく在留資格（活動制限なし）」「就労の可否は指定される活動によるもの」「就労が認められない在留資格」の四つに分類されます。それぞれについて表4―1に示しました。

また、在留資格の四つの

表4-1　在留資格の四つの区分

区分	内容
就労が認められる在留資格（活動制限あり）	はじめに提示していた職種等でなければ、働くことができません。 例えば、「介護」の在留資格を持っているのに、ホテルのフロントの仕事はできない等があります。
身分・地位に基づく在留資格（活動制限なし）	ほぼ日本人と同じように働くことができます。
就労の可否は指定される活動によるもの	「特定活動」が該当します。法務大臣が個々の外国人について特に指定する活動に基づいて決定します。
就労が認められない在留資格	基本的には就労を認めていませんが、留学生のように許可を取れば例外的に１週間に28時間以内のアルバイトが可能です。 ただし、留学生が許可を取ったとしても、コンビニで１週間に20時間、居酒屋で10時間働くことができません。１週間28時間を超えて働くことはできません。

表 4-2（1）　就労が認められる在留資格（活動制限あり）

在留資格	内容と該当例
外交	日本国政府が接受する外国政府の外交使節団若しくは領事機関の構成員、条約若しくは国際慣行により外交使節と同様の特権及び免除を受ける者又はこれらの者と同一の世帯に属する家族の構成員としての活動。 （該当例） 外国政府の大使、公使、総領事、代表団構成員等及びその家族
公用	日本国政府の承認した外国政府若しくは国際機関の公務に従事する者又はその者と同一の世帯に属する家族の構成員としての活動（外交の項に掲げる活動を除く。） （該当例） 外国政府の大使館・領事館の職員、国際機関等から公の用務で派遣させる者等及びその家族
教授	本邦の大学若しくはこれに準ずる機関又は高等専門学校において研究、研究の指導又は教育をする活動 （該当例） 大学教授等
芸術	収入を伴う音楽、美術、文学その他の芸術上の活動（興行の項に掲げる活動を除く。） （該当例） 作曲家、画家、著述家等
宗教	外国の宗教団体により本邦に派遣された宗教家の行う布教その他の宗教上の活動 （該当例） 外国の宗教団体から派遣される宣教師等

表4-2（2） 就労が認められる在留資格（活動制限あり）

在留資格	内容と該当例
報道	外国の報道機関との契約に基づいて行う取材その他の報道上の活動 （該当例） 外国の報道機関の記者、カメラマン
高度専門職	（1号） 高度の専門的な能力を有する人材として法務省令で定める基準に適合する者が行う次のイからハまでのいずれかに該当する活動であって、我が国の学術研究又は経済の発展に寄与することが見込まれるもの イ　法務大臣が指定する本邦の公私の機関との契約に基づいて研究、研究の指導若しくは教育をする活動又は当該活動と併せて当該活動と関連する事業を自ら経営し若しくは当該機関以外の本邦の公私の機関との契約に基づいて研究、研究の指導若しくは教育をする活動 ロ　法務大臣が指定する本邦の公私の機関との契約に基づいて自然科学若しくは人文科学の分野に属する知識若しくは技術を要する業務に従事する活動又は当該活動と併せて当該活動と関連する事業を自ら経営する活動 ハ　法務大臣が指定する本邦の公私の機関において貿易その他の事業の経営を行い若しくは当該事業の管理に従事する活動又は当該活動と併せて当該活動と関連する事業を自ら経営する活動

表 4-2（3）　就労が認められる在留資格（活動制限あり）

在留資格	内容と該当例
高度専門職	（2号） 　1号に掲げる活動を行った者であって、その在留が我が国の利益に資するものとして法務省令で定める基準に適合するものが行う次に掲げる活動 イ　本邦の公私の機関との契約に基づいて研究、研究の指導又は教育をする活動 ロ　本邦の公私の機関との契約に基づいて自然科学又は人文科学の分野に属する知識又は技術を要する業務に従事する活動 ハ　本邦の公私の機関において貿易その他の事業の経営を行い又は当該事業の管理に従事する活動 ニ　２号イからハまでのいずれかの活動と併せて行う教授、芸術、宗教、報道の項に掲げる活動又は法律・会計業務、医療、教育、技術・人文知識・国際業務、介護、興行、技能、特定技能２号の項に掲げる活動（２号イからハまでのいずれかに該当する活動を除く。） （該当例） ポイント制による高度人材
経営・管理	本邦において貿易その他の事業の経営を行い又は当該事業の管理に従事する活動（法律・会計業務の項に掲げる資格を有しなければ法律上行うことができないこととされている事業の経営又は管理に従事する活動を除く。） （該当例） 企業等の経営者・管理者

表 4-2（4）　就労が認められる在留資格（活動制限あり）

在留資格	内容と該当例
法律・会計業務	外国法事務弁護士、外国公認会計士その他法律上資格を有する者が行うこととされている法律又は会計に係る業務に従事する活動 （該当例） 弁護士、公認会計士等
医療	医師、歯科医師その他法律上資格を有する者が行うこととされている医療に係る業務に従事する活動 （該当例） 医師、歯科医師、看護師
研究	本邦の公私の機関との契約に基づいて研究を行う業務に従事する活動（教授の項に掲げる活動を除く。） （該当例） 政府関係機関や私企業等の研究者
教育	本邦の小学校、中学校、義務教育学校、高等学校、中等教育学校、特別支援学校、専修学校又は各種学校若しくは設備及び編制に関してこれに準ずる教育機関において語学教育その他の教育をする活動 （該当例） 中学校・高等学校等の語学教師等
技術・人文知識・国際業務	本邦の公私の機関との契約に基づいて行う理学、工学その他の自然科学の分野若しくは法律学、経済学、社会学その他の人文科学の分野に属する技術若しくは知識を要する業務又は外国の文化に基盤を有する思考若しくは感受性を必要とする業務に従事する活動（教授、芸術、報道の項に掲げる活動、経営・管理、法律・会計業務、医療、研究、教育、企業内転勤、介護、興行の項に掲げる活動を除く。） （該当例） 機械工学等の技術者、通訳、デザイナー、私企業の語学教師、マーケティング業務従事者等

表 4-2（5）　就労が認められる在留資格（活動制限あり）

在留資格	内容と該当例
企業内転勤	本邦に本店、支店その他の事業所のある公私の機関の外国にある事業所の職員が本邦にある事業所に期間を定めて転勤して当該事業所において行う技術・人文知識・国際業務の項に掲げる活動 (該当例) 外国の事業所からの転勤者
介護	本邦の公私の機関との契約に基づいて介護福祉士の資格を有する者が介護又は介護の指導を行う業務に従事する活動 (該当例) 介護福祉士
興行	演劇、演芸、演奏、スポーツ等の興行に係る活動又はその他の芸能活動（経営・管理の項に掲げる活動を除く。) (該当例) 俳優、歌手、ダンサー、プロスポーツ選手等
技能	本邦の公私の機関との契約に基づいて行う産業上の特殊な分野に属する熟練した技能を要する業務に従事する活動 (該当例) 外国料理の調理師、スポーツ指導者、航空機の操縦者、貴金属等の加工職人等

表 4-2（6） 就労が認められる在留資格（活動制限あり）

在留資格	内容と該当例
特定技能	(1号) 法務大臣が指定する本邦の公私の機関との雇用に関する契約（入管法第2条の5第1項から第4項までの規定に適合するものに限る。次号において同じ。）に基づいて行う特定産業分野（人材を確保することが困難な状況にあるため外国人により不足する人材の確保を図るべき産業上の分野として法務省令で定めるものをいう。同号において同じ。）であって法務大臣が指定するものに属する法務省令で定める相当程度の知識又は経験を必要とする技能を要する業務に従事する活動 (該当例) 特定産業分野に属する相当程度の知識又は経験を要する技能を要する業務に従事する外国人 (2号) 法務大臣が指定する本邦の公私の機関との雇用に関する契約に基づいて行う特定産業分野であって法務大臣が指定するものに属する法務省令で定める熟練した技能を要する業務に従事する活動 (該当例) 特定産業分野に属する熟練した技能を要する業務に従事する外国人
技能実習	(1号) イ　技能実習法上の認定を受けた技能実習計画(第一号企業単独型技能実習に係るものに限る。)に基づいて、講習を受け、及び技能等に係る業務に従事する活動 ロ　技能実習法上の認定を受けた技能実習計画(第一号団体監理型技能実習に係るものに限る。)に基づいて、講習を受け、及び技能等に係る業務に従事する活動

表 4-2（7）　就労が認められる在留資格（活動制限あり）

在留資格	内容と該当例
技能実習	(2号) イ　技能実習法上の認定を受けた技能実習計画(第二号企業単独型技能実習に係るものに限る。)に基づいて技能等を要する業務に従事する活動 ロ　技能実習法上の認定を受けた技能実習計画(第二号団体監理型技能実習に係るものに限る。)に基づいて技能等を要する業務に従事する活動 (3号) イ　技能実習法上の認定を受けた技能実習計画(第三号企業単独型技能実習に係るものに限る。)に基づいて技能等を要する業務に従事する活動 ロ　技能実習法上の認定を受けた技能実習計画(第三号団体監理型技能実習に係るものに限る。)に基づいて技能等を要する業務に従事する活動 (該当例) 技能実習生
育成就労	新設の在留資格 (該当例) 育成就労外国人

表 4-3　身分・地位に基づく在留資格（活動制限なし）

在留資格	内容と該当例
永住者	法務大臣が永住を認める者 (該当例) 法務大臣から永住の許可を受けた者（入管特例法の「特別永住者」を除く。)
日本人の配偶者等	日本人の配偶者若しくは特別養子又は日本人の子として出生した者 (該当例) 日本人の配偶者・子・特別養子
永住者の配偶者等	永住者等の配偶者又は永住者等の子として本邦で出生しその後引き続き本邦に在留している者 (該当例) 永住者・特別永住者の配偶者及び本邦で出生し引き続き在留している子
定住者	法務大臣が特別な理由を考慮し一定の在留期間を指定して居住を認める者 (該当例) 第三国定住難民、日系３世、中国残留邦人等

表 4-4　就労の可否は指定される活動によるもの

在留資格	内容と該当例
特定活動	法務大臣が個々の外国人について特に指定する活動 (該当例) 外交官等の家事使用人、ワーキング・ホリデー、経済連携協定に基づく外国人看護師・介護福祉士候補者等

表 4-5　就労が認められない在留資格[※1]

在留資格	内容と該当例
文化活動	収入を伴わない学術上若しくは芸術上の活動又は我が国特有の文化若しくは技芸について専門的な研究を行い若しくは専門家の指導を受けてこれを修得する活動（留学、研修の項に掲げる活動を除く。） （該当例）日本文化の研究者等
短期滞在	本邦に短期間滞在して行う観光、保養、スポーツ、親族の訪問、見学、講習又は会合への参加、業務連絡その他これらに類似する活動 （該当例）観光客、会議参加者等
留学	本邦の大学、高等専門学校、高等学校（中等教育学校の後期課程を含む。）若しくは特別支援学校の高等部、中学校（義務教育学校の後期課程及び中等教育学校の前期課程を含む。）若しくは特別支援学校の中学部、小学校（義務教育学校の前期課程を含む。）若しくは特別支援学校の小学部、専修学校若しくは各種学校又は設備及び編制に関してこれらに準ずる機関において教育を受ける活動 （該当例）大学、短期大学、高等専門学校、高等学校、中学校及び小学校等の学生・生徒
研修	本邦の公私の機関により受け入れられて行う技能等の修得をする活動（技能実習１号、留学の項に掲げる活動を除く。） （該当例）研修生
家族滞在	教授、芸術、宗教、報道、高度専門職、経営・管理、法律・会計業務、医療、研究、教育、技術・人文知識・国際業務、企業内転勤、介護、興行、技能、特定技能２号、文化活動又は留学の在留資格をもって在留する者の扶養を受ける配偶者又は子として行う日常的な活動 （該当例）在留外国人が扶養する配偶者・子

※１　資格外活動の許可を受けた場合は、一定の範囲で就労が認められます。

区分について具体的な在留資格の種類を表4―2～表4―5に示しました。

外国人労働者を採用する際に、必ず在留資格を確認することが必要です。なぜならば、不法就労している三つのケースがあるからです。

一つめは、密入国やオーバーステイにより、不法滞在者が働くケースです。二つめは、入国管理局から働く許可を受けていないのに働くケース、例えば観光目的で入国して働いたり、留学生が無許可でアルバイトをしたりするケースです。三つめは、外国料理店のコックとして働くことを認められた人が機械工場で単純労働者として働くなど、入国管理局から認められた範囲を超えるようなケースです。

このようなケースでは、事業主も以下のような処罰の対象になります。

○不法就労させたり、不法就労をあっせんした者「不法就労助長罪」→3年以下の懲役・300万円以下の罰金（外国人を雇用しようとする際に、当該外国人が不法就労者であることを知らなかったとしても、在留カードを確認していないなどの過失がある場合には、処罰を免れません）

○不法就労させたり、不法就労をあっせんした外国人事業主→退去強制の対象

○ハローワークへの届出をしなかったり、虚偽の届出をした者→30万円以下の罰金（外国人労働者

を採用する場合は、必ず在留カードを確認しましょう）

2　外国人労働者の受け入れのために必要なこと

外国人労働者を受け入れる際に必要なことは二つあります。

まず、在留資格の種類や手続きについて正確に理解し、適切に対応することが重要です。さまざまな在留資格があるため、その目的や手続きを把握することが求められます。

次に、初めて外国人を雇用する際には、社内での周知が不可欠です。その目的は、社内の従業員とともに、外国人の入社後の受け入れを円滑に進めることです。経営者が長期的な視点で多角的に考え、外国人労働者を雇用する決意をしても、その理由を明確に伝えなければ、社内での協力を得られない可能性があります。そのため、外国人労働者を受け入れる目的を従業員にしっかりと伝えましょう。例えば、「慢性的な人手不足の解消を目的とした人材確保である」ことを説明します。経営者自身がしっかりと説明することで、従業員の理解と納得を得やすくなります。

ほかにも、従業員だけでなく、利用者、患者、顧客にも外国人労働者の雇用について事前にお知らせすることが大切です。特に、初めて外国人労働者を雇用する場合は、そのことを周知し、安心してもらうことが重要です。

3　外国人労働者を採用する前に要員計画を立てる

大手企業では一般的に要員計画が立てられていますが、中小企業ではしっかりとした要員計画が立てられていないケースが多くみられます。要員計画とは、「人材」を効果的に採用、配置、異動するための計画です。

外国人労働者の場合、在留資格によって働ける職種が異なり、あるいは宗教によってはお祈りの時間が必要だったり、一時帰国が必要な場合もあるでしょう。そのため、要員計画を立てることが重要です。

外国人労働者を受け入れる前に要員計画を立てることで、これらを想定し、効果的な人材の配置と運用が可能になります。組織全体の効率性と調和が保たれ、外国人労働者のスムーズな受け入れにつながります。

では、どのように要員計画をすればよいのでしょうか。要員計画の手順は以下のとおりにします。

①要員計画の立て方の手順

①「要員計画シート」を活用します。

②会社の組織図や従業員の名簿などを出して、部署の役職もしくは職種を「役職／職種」の欄に

表3-6　A社の要員計画シート

役職／職種	現在の職務	直ちに就任可能	1年以内に就任可能	2～3年以内に就任可能	3～5年以内に就任可能
所長	江崎さん				山上さん
主任	山上さん				石口さん 黒川さん
係員	石口さん 黒川さん			苗村さん 川村さん 植田さん	
大工	苗村さん 川村さん 植田さん	井内さん	山口さん 渡辺さん	別府さん 川口さん 畑田さん 山本さん	清水さん 米田さん 大門さん
足場	井内さん 山口さん 渡辺さん 別府さん 川口さん 畑田さん 山本さん 清水さん 米田さん 大門さん				

⋮

※名前は仮名

書き出します。
③役職者もしくは職種の該当者がいれば、「現在の職務」の欄に書き出します。
④現職の代わりの該当者がいれば、「直ちに就任可能」「1年以内に就任可能」「2～3年以内に就任可能」「3～5年以内に就任可能」の欄に書き出します。
※空欄が多いところは、役職や職種の後継者が育っていない、もしくは採用できていないことがわかります。

②要員計画シート（例）

分類の項目には、役職や職種を入れ、実際にその業務を担っている人の名前を書きましょう。そして、その方の代わりが可能な従業員がいる場合、名前を書きましょう。そうすれば、人手が足りていないのか、人材育成ができていない部署があるか、などがわかります。

③A社の事例

A社の場合、要員計画シートを埋めることで、所長や主任などの職が育っていないことがわかります。今後どのような人員配置をするのか？ どのような教育が必要か？ といった将来的なことを戦略的に考えることが可能になります。

表３―６のようなシートを作成し、各部署の状況を把握しましょう。

４　自社が求める人物像を明らかにする

自社が求める人物像を社内で十分に明らかにしたうえで外国人を採用することが大切です。なぜならば、在留資格により職種や勤務時間など、働くうえでの制約条件が異なるからです。自社がどのような方針で、どんな人を採用したいのかについて全員で考える必要があります。

そこで、以下に「自社の方針を明確にするための質問と回答例」と「採用する人材の特性を明確にするための質問と回答例」を示します。自社ならどう回答するのかを考えることで、自社が求める人物像が明確化し、どのような在留資格を持つどのような人を採用したいのかを具体的に把握することができます。

①自社の方針を明確にするための質問と回答例

①企業のミッションとビジョンは何か？

質問例：当社のミッションは何ですか？　それを達成するためにどんなビジョンを持っていますか？

回答例：私たちの会社のミッションは「お客様に最高のサービスと価値を提供すること」です。それを実現するために、「常に新しいアイデアを取り入れ、業界でトップを目指すこと」をビジョンとしています。このビジョンを達成するために、私たちはいつも最新の技術を使い、お客様のニーズに柔軟に対応しています。

②企業の中核となる価値観は何か？

質問例：当社にとって大切な考え方や信念は何ですか？　それは日々の仕事や決定にどう影響していますか？

回答例：私たちの会社の大切な考え方は「誠実さ」「お客様第一」「チームワーク」です。これらは私たちが毎日の仕事をする際の基盤となっています。例えば、「お客様第一」という考え方は、お客様の満足を最優先に考えることです。「誠実さ」は、私たちがいつも正直であることを意味します。

③顧客に対する提供価値は何か？

質問例：当社が、お客様にどんな良いこと（例、サービスや製品など）を提供できるのか教えてください。それをどうやって実現していますか？

回答例：私たちの会社が提供する価値は「信頼できる製品と迅速なサポート」です。これを実現するために、厳しい品質管理を行い、24時間対応のサポート体制を整えています。また、お客様の意見を大切にし、それを製品の改善や新しいサービスの開発に活かしています。

④競合他社と差別化する要素は何か？
質問例：当社が他社と違う点は何ですか？　その強みをどう活用していますか？
回答例：私たちの会社が他社と違う点は「独自の技術力とカスタマイズ可能なサービス」です。この強みを活かして、お客様一人ひとりのニーズに合わせた製品やサービスを提供しています。例えば、私たちの技術は他社が提供できない機能を持ち、多くのお客様から高く評価されています。

⑤企業文化や働き方の特徴は何か？
質問例：当社の働き方や職場の雰囲気はどんな感じですか？　それが社員のやる気や仕事の成果にどう影響していますか？
回答例：私たちの会社は「オープンで協力的な環境」と「継続的な学習の機会」を大切にしています。社員は自由に意見を出しあい、全員で問題を解決します。また、研修やキャリア開発の機会を提供することで、社員のやる気や仕事の成果を高めています。

②採用する人材の特性を明確にするための質問と回答例

①理想的な社員像は何か?

質問例:当社での理想的な社員はどんな人ですか? その人はどんな特性やスキルを持っていますか?

回答例:私たちの会社が理想とする外国人社員は、「問題解決が得意で、チームワークを大切にする人」です。創造力と論理的な考え方を持ち、常に前向きで新しい挑戦に積極的に取り組む姿勢を持っています。また、文化の違いを理解し、多様な視点を取り入れることができる人が理想です。

②どのようなスキルや経験が必要か?

質問例:当社で成功するためにはどんなスキルや経験が必要ですか? それはなぜ重要ですか?

回答例:私たちの会社で活躍するためには、「業界に関する専門知識」と「プロジェクト管理の経験」が必要です。専門知識はお客様のニーズに応えるために欠かせませんし、プロジェクト管理の経験は、複雑なタスクをスムーズに進めるために重要です。また、日本語や英語などの語学力もコミュニケーションを円滑にするために役立ちます。

③どのような価値観や態度が重要か？

質問例：当社の価値観や目標に共感できる人を採用したいと思っています。当社にとって重要な価値観や態度は何ですか？

回答例：私たちの会社では、「誠実さ」「チームワーク」「お客様志向」の価値観を大切にしています。これらに共感し、日々の仕事で実践できる態度が重要です。例えば、誠実さは信頼関係を築く基礎となり、チームワークはプロジェクトの成功に不可欠です。また、異文化理解と多様性の尊重も重要です。

④チームでの働き方の重要性は何か？

質問例：当社ではチームでの協力が大切ですが、そのためにどんな特性を持つ人が必要ですか？

回答例：チームでの協力を大切にするためには、「コミュニケーションが得意で、協力的な姿勢を持つ人」が必要です。これにより、チームメンバーとスムーズに情報を共有し、一緒に目標を達成するために協力できます。また、異文化交流の経験があるとさらに効果的です。

⑤長期的な成長とキャリアパスの視点から必要な要素は何か？

質問例：当社で長期的に成長し、キャリアを築くためにはどんな要素が必要ですか？

回答例：私たちの会社で長期的に成長し、キャリアを築くためには、「学ぶ意欲」と「変化に対応する力」が必要です。業界の変化や新しい技術に対応するために、常に学び続ける姿勢が重要です。また、変化にも柔軟に対応し、新しい環境でも成果を出せる力も求められます。加えて、異文化理解力や多様性を尊重する姿勢も重要です。

5 ビザ申請の流れ

ビザ申請の手続きは、「短期滞在査証（ビザ）」と「就労・長期滞在査証（ビザ）」で異

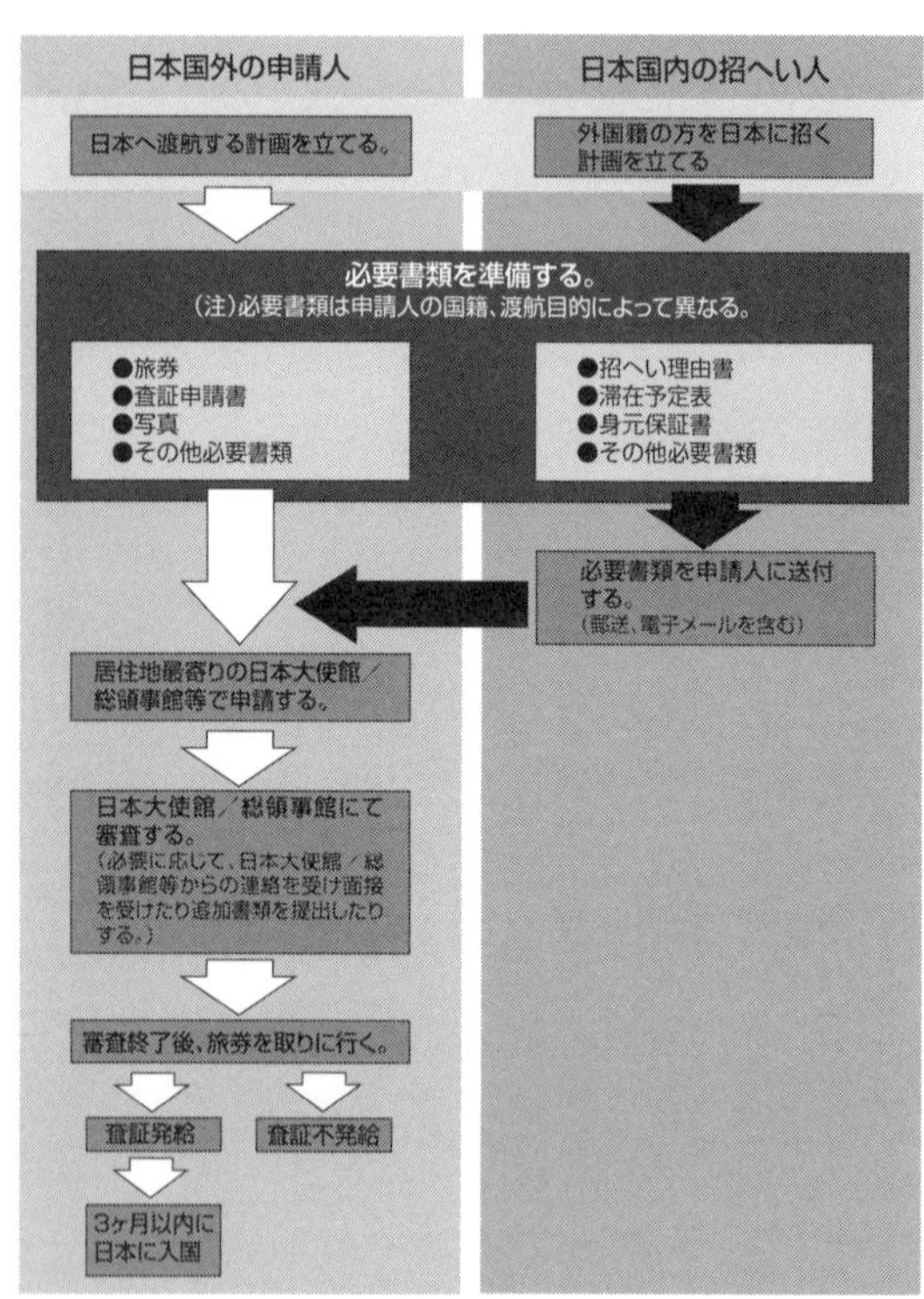

図4-1　短期滞在査証（ビザ）手続きチャート

なります。それぞれの手続きは、図４―１、図４―２を参考にしてください。

　就労・長期滞在の場合は、原則として出入国在留管理庁で在留資格認定証明書を取得する必要があります。その後、ビザ申請人が居住する国・地域を管轄する在外公館でビザ申請を行います。

　また、ビザ申請に関する一般的な相談については、外国人在留支援センター（ＦＲＥＳＣ／フレスク）外務省ビザ・インフォメーションにて受けつけています。

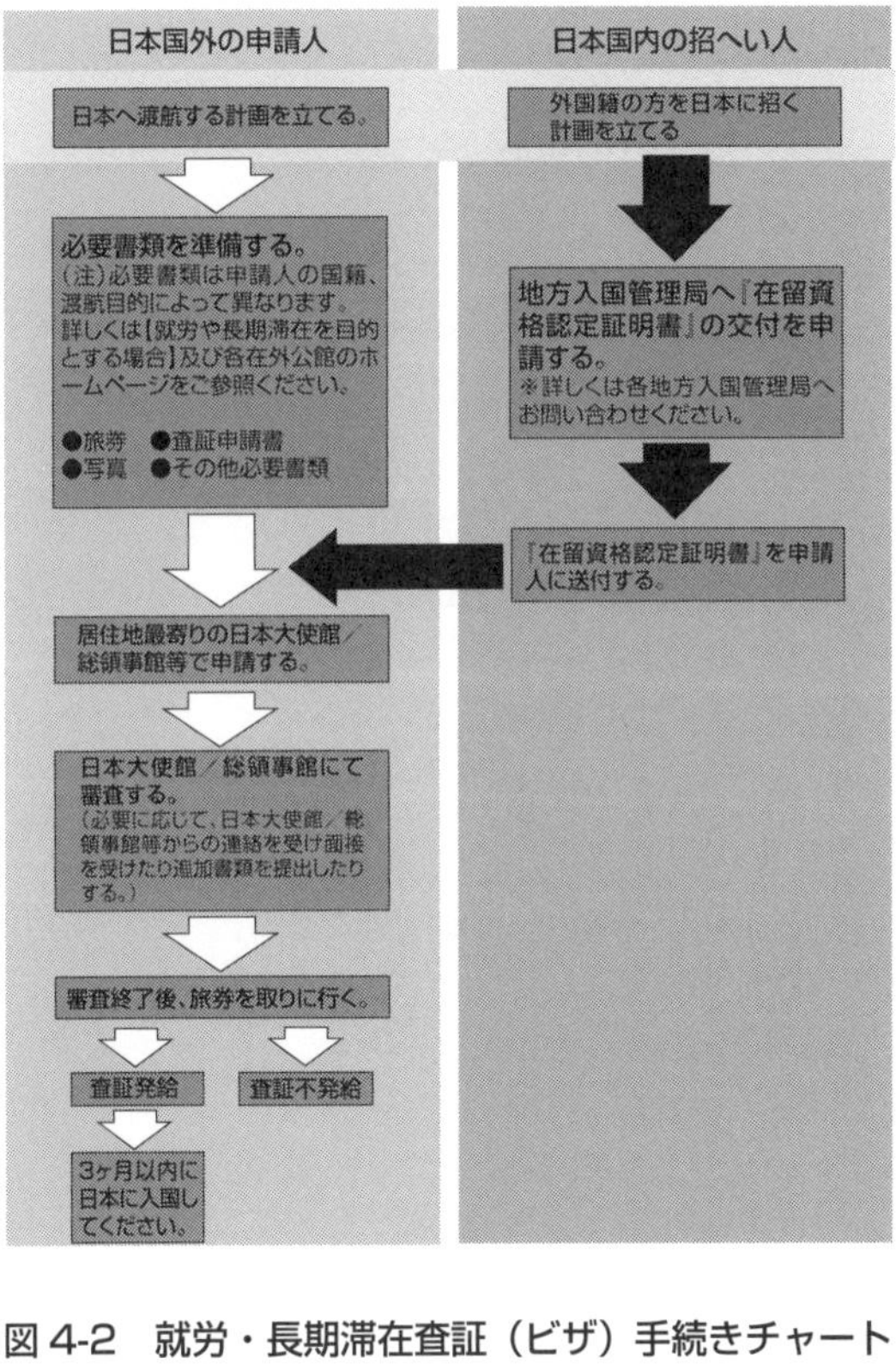

日本国外の申請人
日本へ渡航する計画を立てる。
必要書類を準備する。
（注）必要書類は申請人の国籍、渡航目的によって異なります。詳しくは【就労や長期滞在を目的とする場合】及び各在外公館のホームページをご参照ください。
●旅券　●査証申請書
●写真　●その他必要書類
居住地最寄りの日本大使館／総領事館等で申請する。
日本大使館／総領事館にて審査する。
（必要に応じて、日本大使館／総領事館等からの連絡を受け面接を受けたり追加書類を提出したりする。）
審査終了後、旅券を取りに行く。
査証発給
査証不発給
3ヶ月以内に日本に入国してください。

日本国内の招へい人
外国籍の方を日本に招く計画を立てる
地方入国管理局へ『在留資格認定証明書』の交付を申請する。
※詳しくは各地方入国管理局へお問い合わせください。
『在留資格認定証明書』を申請人に送付する。

図 4-2　就労・長期滞在査証（ビザ）手続きチャート

【外国人在留支援センター（FRESC／フレスク）外務省ビザ・インフォメーション】

外務省ビザ・インフォメーションでは、ビザ申請に必要な書類についての案内、その他ビザの申請に関する各種相談を窓口および電話で受けつけています。

（所在地）

〒160−0004

東京都新宿区四谷一丁目6番1号　四谷タワー13階　外国人在留支援センター（JR、東京メトロ丸ノ内線・南北線四ッ谷駅より徒歩約2分）

受付時間：平日9時〜17時（土日、祝日、年末年始（12月29日〜1月3日）は除く）

電話：0570−011000（ナビダイヤル）案内に従い日本語の「1」を選んだ後、「5」を押してください（（注）一部のIP電話からは03−5369−6577、海外からは、（+81）03−5369−6577）。

6　おもな在留手続き

日本に滞在する外国人は、それぞれの活動内容に応じた在留資格を持ち、滞在中はその在留資格に規

表 4-7　おもな在留手続き

種類	内容
在留資格認定証明書交付申請	日本に入国しようとする外国人が、滞在目的に適した在留資格（「短期滞在」や「永住者」を除く）を取得するために、入国前に行う申請のこと
在留資格変更許可申請	いずれかの在留資格で在留している外国人の方が、在留目的とする活動を変更して別の在留資格に該当する活動を行おうとする場合に、新しい在留資格に変更するために行う申請のこと
在留期間更新許可申請	いずれかの在留資格で在留している外国人の方が、現に有する在留資格を変更することなく、付与された在留期間を超えて、引き続き在留を希望する場合に、在留できる期間を更新するために行う申請のこと
在留資格取得許可申請	日本国籍を離脱したことや、日本で出生したことなどの理由から、上陸の手続を受けることなく日本に在留することとなる外国人の方が、当該理由が発生した日から６０日間を超えて日本に在留しようとする場合に、在留資格を取得するために行う申請のこと
永住許可申請	在留資格を有する外国人で、在留資格の変更を希望する者又は出生等により在留資格の取得を希望する外国人が、永住者の在留資格への変更又は永住者の在留資格の取得を希望する場合に行う申請のこと
資格外活動許可申請	就労や留学等の在留資格で在留する外国人の方が、許可された在留資格に応じた活動以外に、アルバイトなど、収入を伴う事業を運営する活動又は報酬を受ける活動を行おうとする場合に行う申請のこと
就労資格証明書交付申請	外国人の方が、自らの在留資格で行うことができる収入を伴う事業を運営する活動又は報酬を受ける活動を証明する文書の交付を受けるための申請のこと

定された活動に限定されます。そのため、就職や結婚など生活の変化があった場合には、在留資格の変更や在留期間の更新、新たな在留資格の取得が必要になることがあります。このような手続きを総称して「在留手続き」といいます。表3―7に、おもな在留手続きを示しました。

7 外国人労働者を採用する方法

外国人労働者を採用する方法としては、以下のような選択肢があります。

①公的な機関の活用

ハローワークや外国人雇用サービスセンターを利用します。外国人雇用サービスセンターは東京、名古屋、大阪、福岡にあります。これらのセンターでは、高度外国人材（日本での就労を希望する外国人留学生、専門的・技術的分野の外国人労働者）に対する就職支援などを行っています。おもな支援内容として、高度外国人に対する職業相談・職業紹介、外国人を雇用する事業主への雇用管理に関する指導・援助、外国人留学生向けの就職ガイダンス、インターンシッププログラムの提供、就職面接会の実施などの支援を行っています。四か所の外国人雇用サービスセンターへの問い合わせは、以下を参考にしてください。

また、大学や自治体などの留学生支援センターも確認する価値があります。

【東京外国人雇用サービスセンター】
https://jsite.mhlw.go.jp/tokyo-foreigner/home.html
〒160―0004　東京都新宿区四谷1―6―1　四谷タワー13階
電話：03―5361―8722

【名古屋外国人雇用サービスセンター】
https://jsite.mhlw.go.jp/aichi-foreigner/
〒460―8640　愛知県名古屋市中区錦2―14―25　ヤマイチビル8階
電話：052―855―3770

【大阪外国人雇用サービスセンター】
https://jsite.mhlw.go.jp/osaka-foreigner/home.html
〒530―0017　大阪市北区角田町8―47　阪急グランドビル16階
電話：06―7709―9465

表 4-8　公共機関以外の外国人労働者採用方法

相談場所	内容
学校の学生課や大学のキャリアセンター	専門学校や大学のキャリアセンターでの就職支援を利用します。
知人の紹介	知人や友人からの紹介で外国人労働者を採用する方法です。
リファラル採用	すでに働いている社員からの紹介や推薦を受けて採用する方法です。
自社のホームページや SNS での発信	自社の魅力をホームページや SNS で発信し、求人情報を広める方法です。
求人広告等の紙媒体	新聞の折り込みやチラシ等の紙媒体を活用する方法です。
WEB 媒体	業界特化型や大手求人サイトを利用する方法です。例えば、Indeed は世界 No.1 の求人検索エンジンとして知られており、幅広い求人情報にリーチできます。
監理団体等の活用	在留資格の「技能実習」を持つ外国人は監理団体を通して採用します。「特定技能」は、登録支援機関を通すことが多いです。新しく創設された「育成就労」は、監理支援機関の活用が必要です。
派遣会社や有料職業紹介所からの紹介	派遣会社や有料職業紹介所からの紹介を受ける方法です。

【福岡外国人雇用サービスセンター】
https://jsite.mhlw.go.jp/fukuoka-roudoukyoku/hw/fuzoku_kikan/gaisen.html
〒810―0001　福岡県福岡市中央区天神1―4―2　エルガーラ12階
電話：092―716―8608

②その他

そのほかの方法は表4―8に示しました。

以上のように、外国人労働者を採用するためには、公的機関の利用や学校のキャリアセンター、知人の紹介、リファラル採用、自社のホームページやＳＮＳでの発信、求人広告の紙媒体、ＷＥＢ媒体、派遣会社や有料職業紹介所の紹介など、さまざまな方法があります。それぞれの方法には特長があり、目的や状況に応じて最適な方法を選択することが重要です。

８　労働契約の締結

外国人労働者との労働契約を締結する際には、以下のポイントに留意し、適切に進めることが重要です。

①労働契約書の明確化

労働契約書は労働条件を明確に記載し、労使双方が合意のうえで締結します。特に外国人労働者の場合、言葉の壁を考慮し、母国語などの理解しやすい言語で提供することが求められます。例えば、契約書を外国人労働者の母国語に翻訳し、日本語版と併記したり、通訳を介して契約内容を口頭で説明します。その後、外国人労働者が契約内容を理解したことを確認するための手続き（確認書にサインなど）を行います。

②就業条件の説明

就業規則や労働条件を詳細に説明します。業務内容、勤務地、労働時間、賃金、休暇、福利厚生など、すべての条件を明示し、外国人労働者が理解できるようにします。まずは、すべての条件を記載した書類（就業規則や労働条件通知書）を外国人労働者に提供します。次に、通訳を利用して、書類の内容を口頭で詳細に説明し、外国人労働者の理解を確認します。その後、外国人労働者が不明点を質問できる機会を設け、外国人労働者がすべての条件を理解したことを確認するため、確認書にサインをもらいます。

③在留資格の確認

外国人労働者の在留資格を確認し、適法な在留資格を有していることを確認します。資格外活動許可が必要な場合は、その取得をサポートします。在留資格を確認する手順は以下のとおりです。

①在留カードの提示と確認：在留資格、在留期間、資格外活動許可の有無を確認します。
②在留カードのコピーを取得：表面と裏面のコピーを保存します。
③オンラインサービスでの確認：出入国在留管理庁のオンラインサービス「在留カードなど番号失効情報照会」を利用して再確認します。

④必要な場合の追加サポート：資格外活動許可の申請や在留期間の更新をサポートします。

これらの手順を踏んで、外国人労働者が適法に労働できる状態であることを確認できると、安心して雇用することができます。

④労働法規の遵守

外国人労働者に対しても、労働基準法や最低賃金法など、日本の労働法規を遵守します。外国人労働者も日本人従業員と同様に、法的に保護される権利を持っています。

⑤教育・研修の提供

業務に必要な知識や技術を習得させるための教育・研修を行います。また、日本の労働文化やルールについての理解を深めるための研修も重要です。

⑥労働条件通知書の交付

労働条件通知書を作成し、外国人労働者に交付します。これにより、労働条件に関する誤解やトラブルを未然に防ぎます。外国人労働者向けの労働条件通知書は、愛知労働局のサイト（https://jsite.

mhlw.go.jp/aichi-roudoukyoku/pamphlet_form/roudu_00185.html）を参考にしてください。現在は、英語、中国語、韓国語、ポルトガル語、スペイン語、タガログ語、インドネシア語、ベトナム語のものがあります。

入社後も定期的にフォローアップを行い、外国人労働者の状況を把握します。問題が発生した場合は、迅速に対応します。

外国人労働者との労働契約は、日本の労働法規を遵守しつつ、外国人労働者が安心して働ける環境を提供することが重要です。適切なコミュニケーションとサポートを通じて、良好な労使関係を築くことが求められるでしょう。

9　外国人労働者の年金制度

第2章でも触れましたが、日本で働く外国人労働者も、日本人と同様に厚生年金や国民年金に加入する義務があります。正社員だけでなく、一定の条件を満たすパートタイマーやアルバイトも対象となります。日本の公的な年金制度は、厚生年金と国民年金があります。厚生年金は、会社に勤める労働者が対象で、給与から天引きされます。また、会社と労働者がそれぞれ保険料を負担します。国民年金は、自営業者やフリーランス、アルバイト、無職の人が対象で、本人が保険料を納めます。

外国人労働者の年金制度で問題になるのは、将来の年金を受け取るために必要な期間が10年間だという点です。そのため、数年で本国に帰国してしまえば、保険料を支払ったにもかかわらず、それを受け取れないケースが出てきます。そのような場合に利用できるのが、脱退一時金の制度です。国民年金および厚生年金の脱退一時金についてそれぞれ解説をします。

①国民年金の脱退一時金

①支給要件

国民年金の脱退一時金の支給要件は以下のとおりです。

○日本国籍を有していない
○公的年金制度（厚生年金保険または国民年金）の被保険者でない
○保険料納付済期間等の月数の合計が6月以上ある（国民年金に加入していても、保険料が未納となっている期間は要件に該当しません）
○老齢年金の受給資格期間（厚生年金保険加入期間等を合算して10年間）を満たしていない
○障害基礎年金などの年金を受ける権利を有したことがない
○日本国内に住所を有していない

○最後に公的年金制度の被保険者資格を喪失した日から2年以上経過していない（資格喪失日に住所を有していた場合は、同日後に初めて日本国内に住所を有しなくなった日から2年以上経過していない）

②国民年金の脱退一時金の支給額

国民年金の脱退一時金の支給額は、最後に保険料を納付した月が属する年度の保険料額と保険料納付済期間などの月数に応じて計算します。なお、２０２１年（令和３年）４月より、最後に保険料を納付した月が２０２１年（令和３年）４月以降の場合、計算に用いる月数の上限が60月（５年）となりました。

③脱退一時金の計算式

最後に保険料を納付した月が属する年度の保険料額×2分の１×支給額計算に用いる数です（「支給額計算に用いる数」は、保険料納付済期間などの月数の区分に応じて定められています）。

最後に保険料を納付した月が、２０２４年（令和６年）４月から２０２５年（令和７年）３月の者については、具体的な支給額は、表４―９～表４―11のとおりです。

②厚生年金保険の脱退一時金

①厚生年金保険の脱退一時金の支給要件

○日本国籍を有していない

○公的年金制度（厚生年金保険または国民年金）の被保険者でない

○厚生年金保険（共済組合等を含む）の加入期間の合計が6月以上ある

○老齢年金の受給資格期間（10年間）を満たしていない

○障害厚生年金（障害手当金を含む）などの年金を受ける権利を有したことがない

○日本国内に住所を有していない

○最後に公的年金制度の被保険者資格を喪失した日から2年以上経過していない

（資格喪失日に日本国内に住所を有していた場合は、同日後に初めて、日本国内に住所を有しなくなった日から2年以上経過していない）

②厚生年金保険の脱退一時金の支給額

厚生年金保険の脱退一時金の支給額は以下の計算式によって決まります。２０２１年（令和３年）４月より、最終月（資格喪失した日の属する月の前月）が２０２１年４月以降の者については、計算に用いる月数の上限が60月（５年）となりました（表４－12、表４－13）。

表 4-9　最後に保険料を納付した月が 2024 年（令和 6 年）4 月から 2025 年（令和 7 年）3 月の場合

保険料納付済期間等の月数（※）	支給額計算に用いる数	支給額（令和 6 年度）
6 月以上 12 月未満	6	50,940 円
12 月以上 18 月未満	12	101,880 円
18 月以上 24 月未満	18	152,820 円
24 月以上 30 月未満	24	203,760 円
30 月以上 36 月未満	30	254,700 円
36 月以上 42 月未満	36	305,640 円
42 月以上 48 月未満	42	356,580 円
48 月以上 54 月未満	48	407,520 円
54 月以上 60 月未満	54	458,460 円
60 月以上	60	509,400 円

（※）保険料の一部免除を受けつつ納付した期間があった場合は、免除の種類に応じた期間が合算されます。

なお、**最後に保険料を納付した月が 2021 年（令和 3 年）3 月以降**の場合は、36 月（3 年）を上限として支給額が計算されます。

表 4-10　最後に保険料を納付した月が 2021 年（令和 3 年）4 月以降

保険料納付済期間等	令和 6 年度	令和 5 年度	令和 4 年度	令和 3 年度
6 〜 12 月未満	50,940 円	49,560 円	49,770 円	49,830 円
12 〜 18 月未満	101,880 円	99,120 円	99,540 円	99,660 円
18 〜 24 月未満	152,820 円	148,680 円	149,310 円	149,490 円
24 〜 30 月未満	203,760 円	198,240 円	199,080 円	199,320 円
30 〜 36 月未満	254,700 円	247,800 円	248,850 円	249,150 円
36 〜 42 月未満	305,640 円	297,360 円	298,620 円	298,980 円
42 〜 48 月未満	356,580 円	346,920 円	348,390 円	348,810 円
48 〜 54 月未満	407,520 円	396,480 円	398,160 円	398,640 円
54 〜 60 月未満	458,460 円	446,040 円	447,930 円	448,470 円
60 月以上	509,400 円	495,600 円	497,700 円	498,300 円

表 4-11　最後に保険料を納付した月が 2021 年（令和３年）３月以前

保険料納付済期間等	令和２年度	平成 31 年度（令和元年度）	平成 30 年度	平成 29 年度
6 ～ 12 月未満	49,620 円	49,230 円	49,020 円	49,470 円
12 ～ 18 月未満	99,240 円	98,460 円	98,040 円	98,940 円
18 ～ 24 月未満	148,860 円	147,690 円	147,060 円	148,410 円
24 ～ 30 月未満	198,480 円	196,920 円	196,080 円	197,880 円
30 ～ 36 月未満	248,100 円	246,150 円	245,100 円	247,350 円
36 月以上	297,720 円	295,380 円	294,120 円	296,820 円

保険料納付済期間等	平成 28 年度	平成 27 年度	平成 26 年度	平成 25 年度
6 ～ 12 月未満	48,780 円	46,770 円	45,750 円	45,120 円
12 ～ 18 月未満	97,560 円	93,540 円	91,500 円	90,240 円
18 ～ 24 月未満	146,340 円	140,310 円	137,250 円	135,360 円
24 ～ 30 月未満	195,120 円	187,080 円	183,000 円	180,480 円
30 ～ 36 月未満	243,900 円	233,850 円	228,750 円	225,600 円
36 月以上	292,680 円	280,620 円	274,500 円	270,720 円

保険料納付済期間等	平成 24 年度	平成 23 年度	平成 22 年度	平成 21 年度
6 ～ 12 月未満	44,940 円	45,060 円	45,300 円	43,980 円
12 ～ 18 月未満	89,880 円	90,120 円	90,600 円	87,960 円
18 ～ 24 月未満	134,820 円	135,180 円	135,900 円	131,940 円
24 ～ 30 月未満	179,760 円	180,240 円	181,200 円	175,920 円
30 ～ 36 月未満	224,700 円	225,300 円	226,500 円	219,900 円
36 月以上	269,640 円	270,360 円	271,800 円	263,880 円

③脱退一時金の計算式

被保険者であった期間の平均標準報酬額※1×支給率※2

③脱退一時金の請求の方法

脱退時一時金を請求する際に必要な書類などは以下のとおりです。

①脱退一時金請求書

脱退一時金の請求書は外国語と日本語が併記された様式になっています。

「脱退一時金に関する手続きをおこなうとき」（https://www.nenkin.go.jp/service/jukyu/todokesho/sonota-kyufu/20150406.html）からダウンロードできるほか、「ねんきんダイヤル」（0570―05―1165）に電話すれば、郵送してもらえます。

また、年金事務所または街角の年金相談センター、市区町村および自治体の国際化協会でも入手できます。

※1、※2

※1 被保険者期間であった期間の平均標準報酬額は、以下のA+Bを合算した額を全体の被保険者期間の月数で除して得た額をいいます。

A 2003年（平成15年）4月より前の被保険者期間の標準報酬月額に1.3を乗じた額

B 2003年（平成15年）4月以後の被保険者期間の標準報酬月額および標準賞与額を合算した額

※2 支給率とは、最終月（資格喪失した日の属する月の前月）の属する年の前年10月の保険料率（最終月が1月～8月であれば、前々年10月の保険料率）に2分の1を乗じた率に、被保険者期間の区分に応じた支給率計算に用いる数を乗じたものをいいます。（計算の結果、小数点以下1位未満の端数がある場合は四捨五入します）

表 4-12　最終月が 2021 年（令和３年）４月以降の場合

被保険者であった期間	支給率計算に用いる数	支給率
6 月以上 12 月未満	6	0.5
12 月以上 18 月未満	12	1.1
18 月以上 24 月未満	18	1.6
24 月以上 30 月未満	24	2.2
30 月以上 36 月未満	30	2.7
36 月以上 42 月未満	36	3.3
42 月以上 48 月未満	42	3.8
48 月以上 54 月未満	48	4.4
54 月以上 60 月未満	54	4.9
60 月以上	60	5.5

表 4-13　最終月が 2017 年（平成 29 年）９月から 2021 年（令和３年）３月の場合

被保険者であった期間	支給率計算に用いる数	支給率
6 月以上 12 月未満	6	0.5
12 月以上 18 月未満	12	1.1
18 月以上 24 月未満	18	1.6
24 月以上 30 月未満	24	2.2
30 月以上 36 月未満	30	2.7
36 月以上	36	3.3

なお、最終月が 2021 年（令和 3 年）3 月以前の場合は、これまでどおり 36 月（3 年）を上限として支給額が計算されます。

②添付書類など

○パスポート（旅券）の写し（氏名、生年月日、国籍、署名、在留資格が確認できるページ）

○日本国内に住所を有しないことが確認できる書類（住民票の除票の写しやパスポートの出国日が確認できるページの写し等）

○受取先金融機関名、支店名、支店

の所在地、口座番号、請求者本人の口座名義であることが確認できる書類（金融機関が発行した証明書等。または請求書の「銀行の証明」欄に銀行の証明でも可）

○基礎年金番号通知書または年金手帳等の基礎年金番号を明らかにすることができる書類

○代理人が請求手続きを行う場合は「委任状」

④提出先・提出方法・提出時期

請求者（本人または代理人）が、脱退一時金請求書および添付書類を日本年金機構などへ提出してください（表4－14）。

表4-14　提出先・提出方法・提出時期

区分	内容
提出先	日本年金機構本部または各共済組合等 ※加入していた制度およびその期間によって提出先が異なります。
提出方法	郵送・電子申請 ※旅行など就労以外の目的で来日した場合には、年金事務所または街角の年金相談センターでの提出が可能です。
提出時期	短期滞在の外国人が日本の住所をなくして出国後2年以内

10　外国人労働者の就業規則

就業規則とは、職場のルールです。常時10人以上の従業員を使用する企業は、その規則を労働基準監督署に提出しなければなりません。外国人労働者においても日本人同様に就業規則が適用されます。外国人労働者が安心して働ける環境を提供するためには、就業規則のなかに特別な配慮や注意点を盛り込むことが重要です。

まずは、多言語対応をお勧めします。日本語以外にも、外国人労働者が使用する言語で提供します。また、外国人労働者が理解できる言語で重要な規則や注意事項を明記しましょう。そして、外国人労働者に適用される日本の労働法や入管法の遵守を明確に示します。在留資格に関連する規則を明記するとよいでしょう。

できれば、外国人労働者が労働条件や職場の問題について相談できる窓口を設け、多言語対応の相談員を配置します。特に、宗教や文化に配慮した内容を盛り込むとよいでしょう。

いくつか就業規則の規定例をご紹介します。

①在留資格の確認および支援

①外国人労働者は、採用時および在留期間の更新時に、在留カードを提出し、在留資格および在留期間を確認するものとする。

②在留資格の変更や在留期間の更新については、会社が組織的に支援し、必要な書類の準備をサポートする。

③外国人労働者は、在留資格の更新時期を忘れずに人事部に報告し、更新手続きに必要な情報を提

供するものとする。

②在留資格に基づく活動の遵守

①外国人労働者は、自身の在留資格に基づき、日本国内で認められた活動のみを行うものとする。

②在留資格で認められていない活動を行うことは「不法就労活動」となり、厳重に禁止する。

③外国人労働者を異動させる場合は、異動後の業務内容が在留資格で認められた活動の範囲内であることを事前に確認する。

③不法滞在および不法就労の防止

①在留資格が無効になった場合や在留期間を超過した場合、直ちに会社に報告し、適切な対応を行う。

②会社は、不法滞在や不法就労を防止するため、外国人労働者の在留資格および在留期間の管理を徹底する。

④ハラスメントの禁止

①会社は、国籍や人種、宗教に基づく差別を禁止し、すべての従業員に対してセクシャルハラスメントやパワーハラスメントを禁止する。

②外国人労働者のための相談窓口を設置し、多言語対応のスタッフを配置する。

⑤文化的配慮

①会社は、外国人労働者の文化的背景に配慮し、宗教上の理由による休暇や特別な配慮を行う。
②祈りの時間や場所の確保についても、従業員の要望に応じて柔軟に対応する。

外国人労働者が安心して働ける環境を提供するためには、多言語対応、法令遵守、相談窓口の設置、文化的配慮など、特別な配慮や注意点を就業規則に盛り込むことが重要です。具体的には、在留資格の確認および支援、在留資格に基づく活動の遵守、不法滞在および不法就労の防止、ハラスメント禁止、文化的配慮などの項目を明確に定めることが求められます。

これらにより、外国人労働者が日本で適法かつ安心して働ける職場環境を整えることができ、企業側も法令遵守の体制を強化することができます。それぞれの企業のニーズに応じて、これらの規定例を参考にし、適切な就業規則を作成してください。

11　外国人労働者の給与計算

外国人労働者の給与計算において重要なポイントは以下のとおりです。

①在留資格の確認

外国人労働者の在留資格によって、許可される労働内容や労働時間が異なるため、適切な在留資格を確認し、その範囲内で労働させることが重要です。例えば、「留学」や「家族滞在」の在留資格の場合、資格外活動の許可を得ることができればアルバイトやパートで就労することができます。その場合、本来の来日目的に支障がないよう、労働時間は1週につき28時間となっています。兼業の場合は、すべての就業先を含めて1週につき28時間までです。資格外活動の許可については、パスポートおよび在留カードの裏面を確認してください。「留学」の在留資格を持つ外国人には一定期間の例外が認められています。その期間は、夏休みや春休みといった長期休暇です。大学などの学則で定められている長期休暇の間は、留学生にも1日8時間働くことが認められています。

②税金の取り扱い

外国人労働者の居住者ステータスに応じて、所得税や住民税の取り扱いが異なります。以下、所得税と住民税について説明します。なお、詳細は、顧問の税理士などにご確認ください。「居住者」とは、日本国内に「住所」がある人、または現在まで引き続き1年以上「居所」がある人（非永住者は除く）のことです。「非居住者」とは、「居住者」以外の人です。

①所得税

「居住者」とされる外国人労働者は、「源泉徴収方式」により所得税を徴収します。この方式では、給与や収入が支払われるたびに、給与所得の源泉徴収税額表に基づいて税額が計算され、その都度源泉徴収します。そして、年末に年間の税額を精算します。

一方、「非居住者」とされる外国人労働者は、「源泉分離課税方式」によって所得税を徴収します。この方式では、給与や収入が支払われるたびに、原則20・42％の税率で源泉徴収します。ただし、外国人労働者の出身国と日本との間で租税条約が締結されている場合には、所得税などが免除されることがあります。この所得などの免除を受けようとする場合には、「租税条約に関する届出書」を税務署に提出する必要があります。

②住民税

住民税は、1月1日時点での住所地で課税されます。外国人労働者が「居住者」に該当する場合、前年の1月1日から12月31日までの所得に基づいて住民税が計算され、その税額を支払う必要があります。企業は、「特別徴収義務者」として、外国人労働者の毎月の給与から住民税を差し引き、各市区町村に納付しなければなりません。住民税の金額は、各市区町村から通知されます。租税条約による住民税の課税免除については、各市区町村にご確認ください。

一方、「非居住者」に該当する場合は、課税されません。

③社会保険の適用

前述のように外国人労働者も一定の条件を満たせば、日本の健康保険、厚生年金保険、雇用保険などの社会保険に加入する必要があります。これに基づいて給与から適切な保険料を控除します。特に、給与から社会保険を控除するという説明がない、もしくは説明が不足していると、トラブルになる可能性がありますので、事前にきちんと説明を行うことが必要です。

④契約内容の明確化

労働契約書には、給与の金額、支払い方法、税金や保険の取り扱いについて明確に記載し、外国人労働者に理解してもらうことが重要です。必要に応じて、多言語での契約書を用意することも考慮します。

母国の税制や社会保険制度との違いを理解し、適切な情報提供を行うことで、日本での給与計算に関する疑問や不安を解消できるようにします。

これらのポイントを踏まえて、外国人労働者が安心して働けるように適切な給与計算を行いましょう。

12　外国人雇用状況の届出

「労働施策の総合的な推進並びに労働者の雇用の安定および職業生活の充実などに関する法律」は、外国人労働者を雇用する事業主の方に対し、外国人労働者（在留資格「外交」「公用」および特別永住者を除く）の雇い入れおよび離職の際に、「外国人雇用状況の届出」を義務づけています。この届出を怠ったり、虚偽の届出を行った場合には、30万円以下の罰金の対象となりますので、ご注意ください。

①雇用保険被保険者となる外国人の届出

雇用保険被保険者資格取得届（様式第2号）または雇用保険被保険者資格喪失届（様式第4号）を提出することで、外国人雇用状況の届出を行ったこととなります。届出期限は、雇い入れの場合は翌月10日まで、離職の場合は翌々日から起算して10日以内です。ハローワークなどではインターネットによる申請も可能です（図4―3、図4―4）。

②雇用保険被保険者とならない外国人の届出

外国人雇用状況届出書（様式第3号）を提出してください（図4―5）。届出期限は、雇い入れ、

■ 届出の方法について ①-1 <雇用保険被保険者資格取得届（様式第２号）>

雇用保険の被保険者となる外国人の場合（雇入れ時）

届出事項 (P.3～4参照)	①氏名　②在留資格※等　③在留期間等　④生年月日　⑤性別　⑥国籍・地域　⑦資格外活動許可または報酬活動許可の有無　⑧在留カード番号　⑨雇入れに係る事業所の名称および所在地など、取得届に記載が必要な事項 ※在留資格「特定技能」の場合は分野、「特定活動」の場合は活動類型を含む（以下同じ）
届出方法	「17」～「23」欄に「国籍・地域」や「在留資格等」などを記入してハローワークに提出することによって、外国人雇用状況の雇入れの届出を行ったことになります。 ただし、以下の場合は記入不要です。 ・外国人雇用状況届出の対象外の方（特別永住者、在留資格「外交」・「公用」の方）
届出先	**雇用保険の適用を受けている事業所を管轄するハローワーク（公共職業安定所）に届け出てください（インターネットより電子申請による届け出も可能です）。** ※雇用保険被保険者資格取得届を届け出るハローワークと同様です。 ※代理人による届出を行う場合には、あらかじめ代理人を選任することで提出は可能です。代理人選任（解任）届が必要となりますので、管轄のハローワークまでお問い合わせください。
届出期限	**雇い入れた日の翌月10日までです。**

＜「雇用保険被保険者資格取得届」の様式（様式第２号）＞

届出内容に変更があった場合は、外国人雇用状況届出担当窓口にご相談ください。
例：事業所の移転,統合,廃止/被保険者の転勤/在留資格の変更など

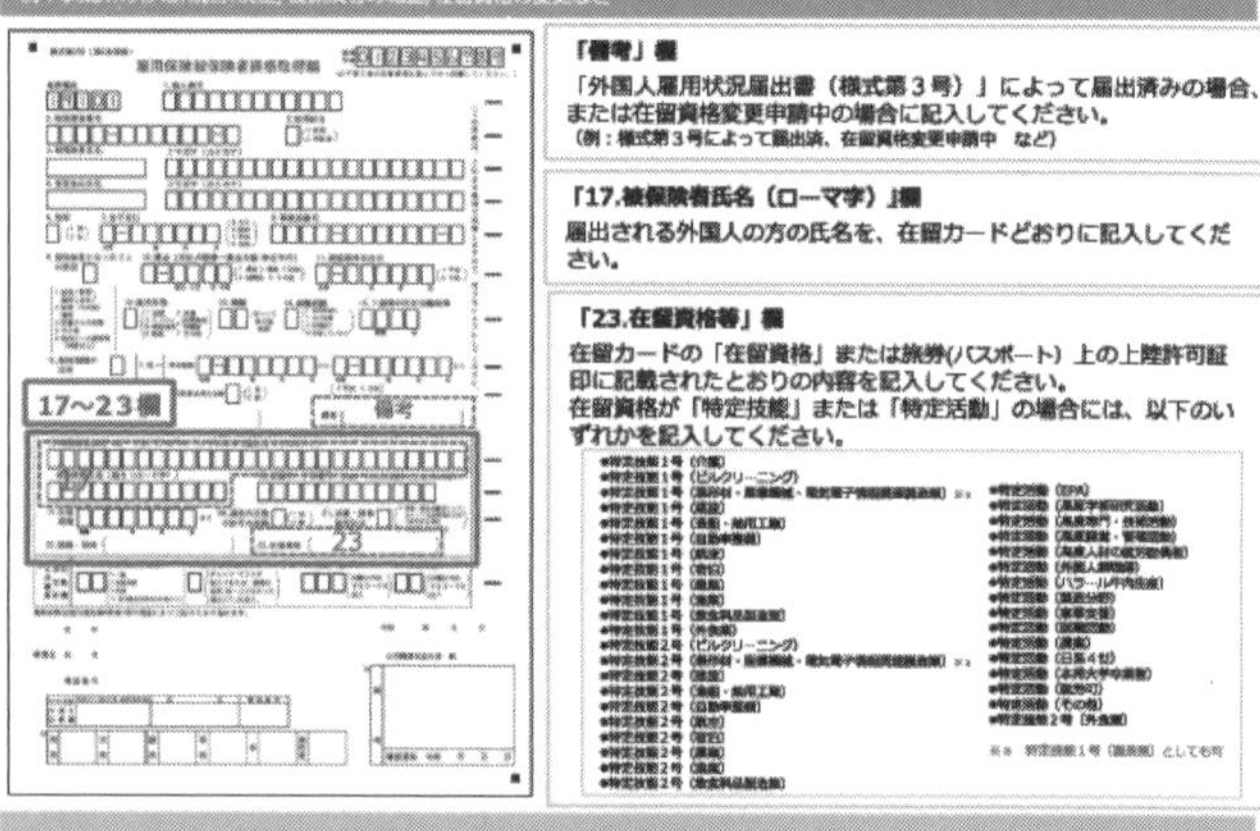

「備考」欄
「外国人雇用状況届出書（様式第３号）」によって届出済みの場合、または在留資格変更申請中の場合に記入してください。
（例：様式第３号によって届出済、在留資格変更申請中　など）

「17.被保険者氏名（ローマ字）」欄
届出される外国人の方の氏名を、在留カードどおりに記入してください。

「23.在留資格等」欄
在留カードの「在留資格」または旅券(パスポート）上の上陸許可証印に記載されたとおりの内容を記入してください。
在留資格が「特定技能」または「特定活動」の場合には、以下のいずれかを記入してください。

電子申請について（雇入れ時・離職時）

雇用保険の被保険者となる外国人の場合「e-Gov」電子申請からの届出も可能です。
その場合、届出用紙による届出は不要です。

e-GOV
https://www.e-gov.go.jp

5

図 4-3　雇用保険被保険者資格取得届（様式第２号）

■ 届出の方法について ①-2＜雇用保険被保険者資格喪失届（様式第４号）＞

雇用保険の被保険者となる外国人の場合（離職時）

届出事項（P.3～4参照）	①氏名　②在留資格等　③在留期間等　④生年月日　⑤性別　⑥国籍・地域　⑦在留カード番号　⑧離職に係る事業所の名称および所在地など、喪失届に記載が必要な事項
届出方法	**表面の「住所（被保険者の住所又は居所）」欄の他、裏面の「14」～「19」欄に「国籍・地域」や「在留資格等」などを記入してハローワークに提出することで、外国人雇用状況の離職の届出を行ったことになります。ただし、以下の場合は記入不要です。** ・外国人雇用状況届出の対象外の方（特別永住者、在留資格「外交」・「公用」の方）
届出先	**雇用保険の適用を受けている事業所を管轄するハローワーク（公共職業安定所）に届け出てください（インターネットより電子申請による届け出も可能です）。** ※雇用保険被保険者資格取得届を届け出るハローワークと同様です。 ※代理人による届出を行う場合には、あらかじめ代理人を選任することで提出は可能です。 代理人選任（解任）届が必要となりますので、管轄のハローワークまでお問い合わせください。
届出期限	**退職した日の翌々日から10日以内です。**

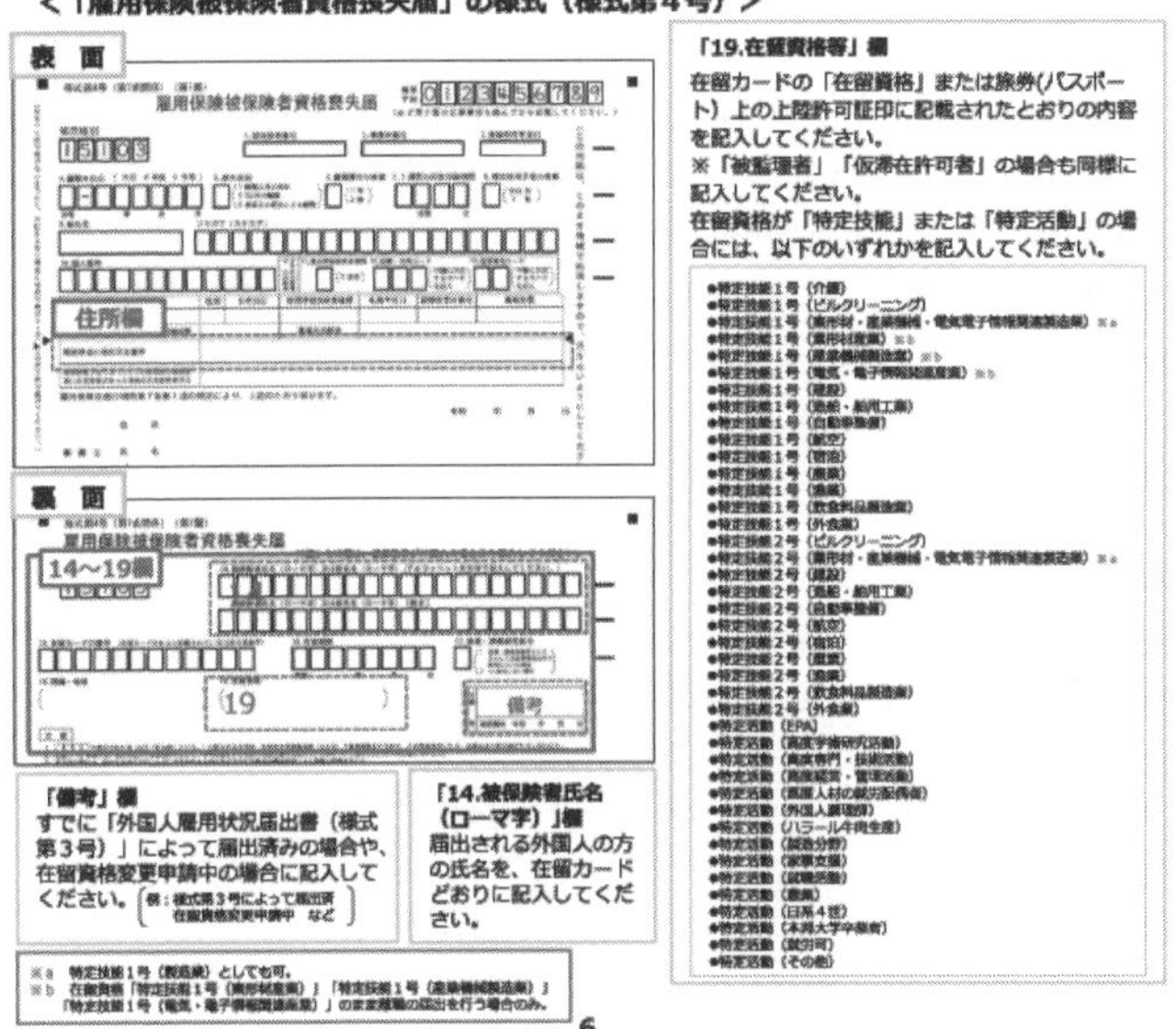

＜「雇用保険被保険者資格喪失届」の様式（様式第４号）＞

表面

雇用保険被保険者資格喪失届

住所欄

裏面

雇用保険被保険者資格喪失届

14～19欄

19

備考

「19.在留資格等」欄

在留カードの「在留資格」または旅券(パスポート）上の上陸許可証印に記載されたとおりの内容を記入してください。
※「被監理者」「仮滞在許可者」の場合も同様に記入してください。
在留資格が「特定技能」または「特定活動」の場合には、以下のいずれかを記入してください。

- 特定技能１号（介護）
- 特定技能１号（ビルクリーニング）
- 特定技能１号（素形材・産業機械・電気電子情報関連製造業）※a
- 特定技能１号（素形材産業）※b
- 特定技能１号（産業機械製造業）※b
- 特定技能１号（電気・電子情報関連産業）※b
- 特定技能１号（建設）
- 特定技能１号（造船・舶用工業）
- 特定技能１号（自動車整備）
- 特定技能１号（航空）
- 特定技能１号（宿泊）
- 特定技能１号（農業）
- 特定技能１号（漁業）
- 特定技能１号（飲食料品製造業）
- 特定技能１号（外食業）
- 特定技能２号（ビルクリーニング）
- 特定技能２号（素形材・産業機械・電気電子情報関連製造業）※a
- 特定技能２号（建設）
- 特定技能２号（造船・舶用工業）
- 特定技能２号（自動車整備）
- 特定技能２号（航空）
- 特定技能２号（宿泊）
- 特定技能２号（農業）
- 特定技能２号（漁業）
- 特定技能２号（飲食料品製造業）
- 特定技能２号（外食業）
- 特定活動（EPA）
- 特定活動（高度学術研究活動）
- 特定活動（高度専門・技術活動）
- 特定活動（高度経営・管理活動）
- 特定活動（高度人材の就労配偶者）
- 特定活動（外国人調理師）
- 特定活動（ハラール牛肉生産）
- 特定活動（建設分野）
- 特定活動（家事支援）
- 特定活動（就職活動）
- 特定活動（農業）
- 特定活動（日系４世）
- 特定活動（本邦大学卒業者）
- 特定活動（就労可）
- 特定活動（その他）

「備考」欄
すでに「外国人雇用状況届出書（様式第３号）」によって届出済みの場合や、在留資格変更申請中の場合に記入してください。（例：様式第３号によって届出済　在留資格変更申請中　など）

「14.被保険者氏名（ローマ字）」欄
届出される外国人の方の氏名を、在留カードどおりに記入してください。

※a　特定技能１号（製造業）としても可。
※b　在留資格「特定技能１号（素形材産業）」「特定技能１号（産業機械製造業）」「特定技能１号（電気・電子情報関連産業）」のまま離職の届出を行う場合のみ。

6

図 4-4　雇用保険被保険者資格取得届（様式第４号）

■ 届出の方法について ②＜外国人雇用状況届出書（様式第３号）＞

雇用保険の被保険者とならない外国人の場合（雇入れ・離職時）

届出事項 (P.3〜4参照)	①氏名　②在留資格　③在留期間　④生年月日　⑤性別　⑥国籍・地域　⑦資格外活動許可の有無　⑧在留カード番号　⑨雇入れまたは離職年月日　⑩雇入れまたは離職に係る事業所の名称、所在地等 ※⑦については雇入れ時のみの届出事項です。
届出方法	**外国人雇用状況届出書（様式第３号）**に、上記①〜⑩の届出事項を記載して届け出てください。 届出様式はハローワークの窓口で配布しているほか、厚生労働省ウェブサイトからダウンロードすることもできます。 https://www.mhlw.go.jp/stf/seisakunitsuite/bunya/koyou_roudou/koyou/gaikokujin/todokede/index.html
届出先	**当該外国人が勤務する事業所施設（支店、店舗、工場など）の住所を管轄するハローワーク（公共職業安定所）に届け出てください（インターネットより電子申請による届け出も可能です）。** ※代理人による届出を行う場合には、あらかじめ代理人を選任することで提出は可能です。 代理人選任（解任）届が必要となりますので、管轄のハローワークまでお問い合わせください。
届出期限	**雇入れ、離職の場合ともに翌月の末日までです。**

＜「外国人雇用状況届出書」の様式（様式第３号）＞

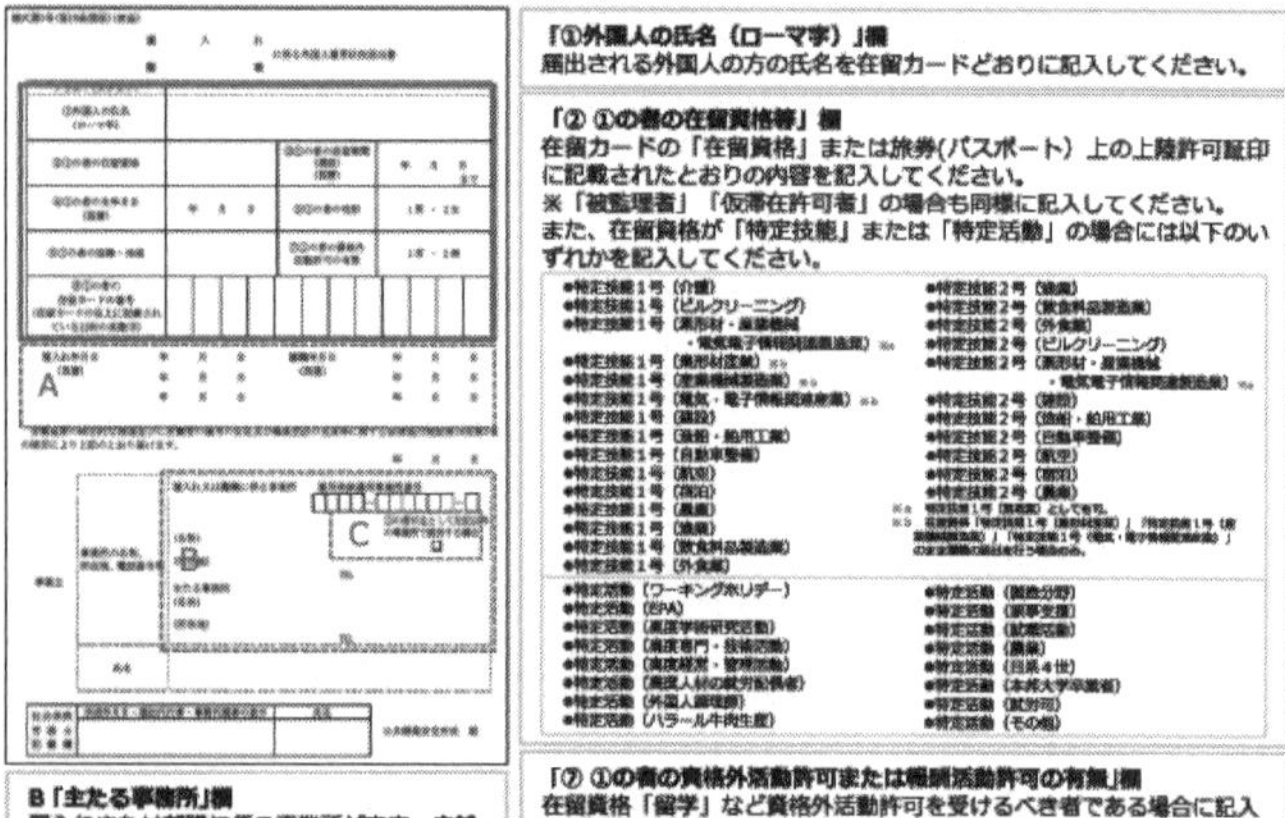

B「主たる事務所」欄
雇入れまたは離職に係る事業所が支店、店舗、工場などである場合には、本社や雇用保険適用事業所を記入してください。

C 派遣・請負労働者に係る届出の場合
派遣の場合、「雇入れ又は離職に係る事業所」欄には派遣先ではなく派遣元の事業所を記入し、□に✓を入れてください。
請負業者に雇用される労働者が、注文主の事業所等で就労する場合、「雇入れ又は離職に係る事業所」欄には請負業者の事業所を記入し、□に✓を入れてください。

A「雇入れ年月日・離職年月日」欄
届出期限内に離職した場合は、雇入れ年月日と離職年月日の両方を記入してください。また、届出期限内に複数回にわたって雇入れ・離職した場合は、まとめて記入してください。

B「雇入れ又は離職に係る事業所」欄
外国人が就労する事業所（支店、店舗、工場など）を記入してください。なお、当該事業所が雇用保険適用事業所である場合には、適用事業所番号を記入してください。

7

図 4-5　外国人雇用状況届出書（様式第３号）

離職の場合ともに翌月末日までです。雇用保険被保険者資格取得届と同様にハローワークなどではインターネットによる申請も可能です。

13　外国人労働者の労災保険給付

労災保険（労働者災害補償保険）とは、外国人を含む労働者が仕事中や通勤中に発生した災害や事故に対して補償する公的な保険制度です。ただし、「療養等補償給付」と「療養等給付」は、どちらも労災保険の給付の一部ですが、その適用対象と給付内容には違いがあります。「療養等補償給付」は、労働者が業務中に発生した災害によって怪我や病気になった場合に支給されます。「療養等給付」は、労働者が通勤中に発生した災害（通勤災害）によって怪我や病気になった場合に適用されます。「補償」という言葉が入っているかどうかで違いがありますので、留意しましょう。

労災保険給付など一覧を掲載していますので、ご確認ください（表４—15）。

14　外国人労働者の雇用保険給付

外国人労働者も、日本で働く場合、一定の基準を満たせば雇用保険に加入する義務があります。

表 4-15（1） 労災保険給付等一覧

保険給付の種類		こういうときは	保険給付の内容	特別支給金の内容
療養（補償）等給付		業務災害、複数業務要因災害または通勤災害による傷病により療養するとき（労災病院や労災保険指定医療機関等で療養を受けるとき）	必要な療養の給付※	
		業務災害、複数業務要因災害または通勤災害による傷病により療養するとき（労災病院や労災保険指定医療機関等以外で療養を受けるとき）	必要な療養の費用の支給※	
休業（補償）等給付		業務災害、複数業務要因災害または通勤災害による傷病の療養のため労働することができず、賃金を受けられないとき	休業4日目から、休業1日につき給付基礎額の60％相当額	（休業特別支給金）休業4日目から、休業1日につき給付基礎日額の20％相当額
障害（補償）等給付	傷害（補償）等年金	業務災害、複数業務要因災害または通勤災害による傷病が治ゆ（症状固定）した後に障害等級第1級から第7級までに該当する障害が残ったとき	障害の程度に応じ、給付基礎日額の313日分から131日分の年金 第1級 313日分 第2級 277日分 第3級 245日分 第4級 213日分 第5級 184日分 第6級 156日分 第7級 131日分	（障害特別支給金）障害の程度に応じ、342万円から159万円までの一時金 （障害特別年金）障害の程度に応じ、算定基礎日額の313日分から131日分の年金

表 4-15（2）　労災保険給付等一覧

保険給付の種類		こういうときは	保険給付の内容	特別支給金の内容
障害（補償）等給付	傷害（補償）等一時金	業務災害、複数業務要因災害または通勤災害による傷病が治ゆ（症状固定）した後に障害等級第８級から第14級までに該当する障害が残ったとき	障害の程度に応じ、給付基礎日額の503日分から56日分の一時金 第８級503日分 第９級391日分 第10級302日分 第11級223日分 第12級156日分 第13級101日分 第14級56日分	（障害特別支給金） 障害の程度に応じ、65万円から８万円までの一時金 （障害特別一時金） 障害の程度に応じ、算定基礎日額の503日分から56日分の一時金
遺族（補償）等給付	遺族（補償）等年金	業務災害、複数業務要因災害または通勤災害により死亡したとき	遺族の数等に応じ給付基礎日額の245日分から153日分の年金 １人　153日分 ２人　201日分 ３人　223日分 ４人以上　245日分	（遺族特別支給金） 遺族の数にかかわらず、一律300万円 （遺族特別年金） 遺族の数等に応じ、算定基礎日額の245日分から153日分の年金
	遺族（補償）等一時金	(1) 遺族（補償）等年金を受け得る遺族がないとき (2) 遺族（補償）等年金を受けている人が失権し、かつ、他に遺族（補償）等年金を受け得る人がない場合であって、すでに支給された年金の給付額が給付基礎日額の1000日分に満たないとき	給付基礎日額の1000日分の一時金（(2)の場合は、すでに支給した年金の合計額を差し引いた額）	（遺族特別支給金） 遺族の数にかかわらず、一律300万円（(1)の場合のみ） （遺族特別一時金） 算定基礎日額の1000日分の一時金（(2)の場合は、すでに支給した特別年金の合計額を差し引いた額）

表4-15（3） 労災保険給付等一覧

保険給付の種類	こういうときは	保険給付の内容	特別支給金の内容
葬祭料等（葬祭給付）	業務災害、複数業務災害または通勤災害により死亡した人の葬祭を行うとき	315,000円に給付基礎日額の30日分を加えた額（その額が給付基礎日額の60日分に満たない場合は、給付基礎日額の60日分）	
傷病（補償）等年金	業務災害、複数業務災害または通勤災害による傷病が療養開始後1年6か月を経過した日または同日後において次の各号のいずれにも該当するとき (1) 傷病が治ゆ（症状固定）していないこと (2) 傷病による障害の程度が傷病等級に該当すること	障害の程度に応じ給付基礎日額の313日分から245日分の年金 第1級 313日分 第2級 277日分 第3級 245日分	（傷病特別支給金） 障害の程度により114万円から100万円までの一時金 （傷病特別金） 障害の程度により算定基礎日額の313日分から245日分
介護（補償）等給付	障害（補償）等年金または傷病（補償）年金受給者のうち第1級の者または第2級の精神・神経の障害および胸腹部臓器の障害の者であって、現に介護を受けているとき	常時介護の場合は、介護の費用として支出した額（ただし、177,950円を上限とする） 親族等により介護を受けており介護費用を支出していない場合、または支出した額が81,290円を下回る場合は81,290円 随時介護の場合は、介護の費用として支出した額（ただし、88,980円を上限とする） 親族等により介護を受けており介護費用を支出していない場合または支出した額が40,600円を下回る場合は40,600円	

表 4-15（4）労災保険給付等一覧

保険給付の種類	こういうときは	保険給付の内容	特別支給金の内容
二次健康診断等給付 ※船員法の適用を受ける船員および特別加入者については対象外	事業主が行った直近の定期健康診断等（一次健康診断）において、次の⑴⑵のいずれにも該当するとき ⑴ 血圧検査、血中脂質検査、血糖検査、腹囲またはBMI（肥満度）の測定のすべての検査において異常の所見があると診断されていること ⑵ 脳血管疾患または心臓疾患の症状を有していないと認められること	二次健康診断および特定保健指導の給付 ⑴ 二次健康診断 脳血管および心臓の状態を把握するために必要な、以下の検査 ①空腹時血中脂質検査 ②空腹時血糖値検査 ③ヘモグロビン A_{1C} 検査 （一次健康診断で行った場合には行わない） ④負荷心電図検査または心エコー検査 ⑤頸部エコー検査 ⑥微量アルブミン尿検査 （一次健康診断において尿蛋白検査の所見が擬陽性（±）または弱陽性（+）である者に限り行う） ⑵ 特定保険指導 脳・心臓疾患の発生の予防を図るため、医師等により行われる栄養指導、運動指導、生活指導	

※療養のため通院したときは、通院費が支給される場合があります。
（注）表中の金額等は令和６年４月１日現在のものです。

このほか、社会復帰促進等事業として、アフターケア、義肢等補装具の費用の支給、外科後処置、労災就学等援護費、休業補償特別援護金等の支援制度があります。詳しくは、労働基準監督署にお問い合わせください。

雇用保険の失業等給付は、求職者給付、就職促進給付、教育訓練給付、雇用継続給付の４種類に大別されます。また、育児休業給付もあります。

①求職者給付

求職者給付は、被保険者が離職し失業状態にある場合に支給されるもので、失業者の生活の安定を図り、求職活動を容易にすることを目的とした給付です。いわゆる失業補償の機能を持っています。

②就職促進給付

就職促進給付は、失業者が再就職するのを援助し、促進することをおもな目的とした給付です。

③教育訓練給付

教育訓練給付は、働く人の主体的な能力開発の取り組み

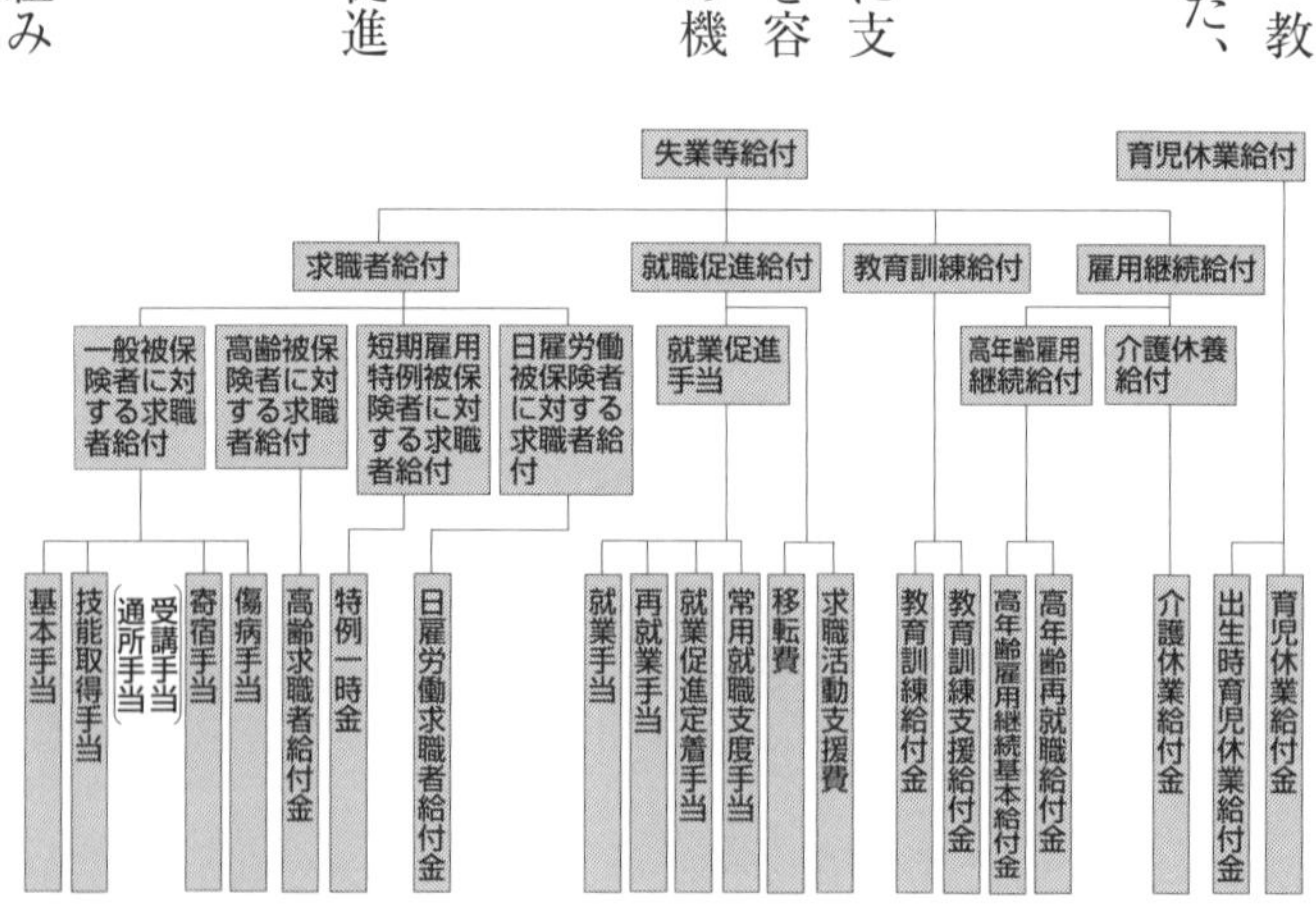

図 4-6　雇用継続給付

を支援し、雇用の安定と再就職の促進を目的とした給付です。

④雇用継続給付

雇用継続給付は、働く人の職業生活の円滑な継続を援助し、促進することを目的とした給付です。

２０２５年４月から高年齢雇用継続給付金は段階的に縮小されます。

これらを図４―６に示しました。

15　外国人労働者の社会保険給付

外国人労働者が日本で働く際に適用される社会保険給付には、健康保険、介護保険、厚生年金保険があります。

区分		給付の種類（被保険者）	給付の種類（被扶養者）
病気やケガをしたとき	被保険者証で治療を受けるとき	療養の給付 入院時食事療養費 入院時生活療養費 保険外併用療養費 訪問看護	家族療養費 家族訪問看護療養費
	立て替え払いのとき	療養費 高額医療費 高額介護合算医療費	家族療養費 高額医療費 高額介護合算医療費
	緊急事などに移送されたとき	移送費	家族移送費
	療養のため休んだとき	傷病手当金	
出産したとき		出産育児一時金 出産手当金	家族出産育児一時金
死亡したとき		埋葬料（費）	家族埋葬料
退職したあと（継続または一定期間の給付）		傷病手当金 出産手当金 出産育児一時金 埋葬料（費）	

図 4-7　外国人労働者の健康保険

健康保険については、図4―7に示しました。

16　外国人労働者の労働条件通知書の内容

日本国内で外国人労働者を雇用する際、労働条件を明確に伝えるために、事業主は労働者に対して労働条件通知書を交付します。そのおもな内容について以下に示します。外国人労働者との賃金控除に関する協定書、労働条件通知書のひな型は、それぞれ図4―8、図4―9のとおりです。

①労働条件通知書のおもな内容

①労働契約の期間

契約の開始日と終了日、契約の更新の有無と条件などが記載されています。2024年4月の改正により、有期労働契約の締結時と更新時に更新上限（有期労働契約の通算契約期間または更新回数の上限）の有無と内容の明示が必要になりました。その条件を新設・短縮する場合にはその理由をあらかじめ説明することが義務づけられています。また、無期転換ルールに基づく無期転換申込権が発生する契約の更新時には、無期労働契約への転換申込機会や無期転換後の労働条件について明示しなければなりません。無期労働転換後の労働条件を決定するにあ

（福井労働局参考資料）

賃 金 控 除 に 関 す る 協 定 書（記載例）

株式会社○○○○　と　労働者代表　越前花子　は労働基準法第２４条第１項但書に基づき、賃金控除に関し、下記のとおり協定する。

記

１．株式会社○○○○は、毎月 10 日、賃金支払いの際次に掲げるものを控除して支払うことができる。

(1) 寮費

(2) 電気・ガス・水道光熱費

(3) 親睦会費

(4) 会社貸付金の割賦金返済金（元利共）

(5) 社内商品購入代金

２．この協定は ○ 年 ○ 月 ○ 日から有効とする。

３．この協定は、何れかの当事者が ○ 日前に文書による破棄の通告をしない限り効力を有するものとする。

○ 年 ○ 月 ○ 日

使用者職氏名 株式会社○○○○
代表取締役　福井太郎　㊞

労働者代表 越前花子　㊞

- 労使協定は、**「労働者の過半数で組織する労働組合（過半数組合）」**または（その労働組合がない場合は）**「労働者の過半数を代表する者（過半数代表者）」**と締結する必要があります。
- **過半数代表者の選出は、正社員だけでなく、パートやアルバイトなど事業場のすべての労働者が参加した民主的な手続（投票、挙手、労働者による話し合い、持ち回り）**がとられている必要があります。
- 管理監督者は労働者代表になれません。
- 過半数代表者に対する不利益な取扱い（解雇や降格、賃金の減額等）は禁止されています。また、使用者は労働者の意見集約等を行うにあたって必要な事務機器や事務スペースを提供する等、必要な配慮を行わなければなりません。

- **労使協定は、締結後、労働者に周知**しなければなりません。
（作業場の見やすい場所に掲示・備え付ける、労働者へ書面を交付する、社内システムの掲示板等へ掲載する等）

図 4-8　賃金控除に関する協定書

(For General workers; Permanent, fixed-term employment)
(一般労働者用;常用、有期雇用型)

Notice of Employment
労働条件通知書

To: ________________________ 殿

Date: ________________________
年月日
Company's name ________________________
事業場名称(ローマ字で記入)
Company's address ________________________
所在地(ローマ字で記入)
Telephone number ________________________
電話番号
Employer's name ________________________
使用者職氏名(ローマ字で記入)

I. Contract period
契約期間

Non-fixed,☐ Fixed*☐ (From to)
期間の定めなし 期間の定めあり(※)(年 月 日 ~ 年 月 日)

* Please fill out the following fields if you have selected "Fixed" for the "Contract period".
※以下は、「契約期間」について「期間の定めあり」とした場合に記入

1. Contract renewal
契約の更新の有無
[Automatic renewal☐Possible renewal☐ No renewal☐ Others☐( )]
[自動的に更新する・更新する場合があり得る・契約の更新はしない・その他( )]

2. Renewal criteria
契約の更新は次により判断する。
・Workload at the end of the contract period☐ ・Work performance and attitude☐ ・Competence☐
・契約期間満了時の業務量 ・勤務成績、態度 ・能力
・Company's business conditions☐ ・Progress of the work engaged in☐
・会社の経営状況 ・従事している業務の進捗状況
・Others☐( )
・その他( )

3. Renewal limit (No limit☐ Limit☐(Up to renewal times/Total contract period up to years))
更新上限の有無(無・有(更新 回まで/通算契約期間 年まで))

[In the case of conclusion of a fix-term labour contract with the same company that exceeds a total contract period of 5 years as stipulated in the Labour Contract Act]
【労働契約法に定める同一の企業との間での通算契約期間が5年を超える有期労働契約の締結の場合】

During this contract period, you may apply to the company for an indefinite-term labour contract (without a fixed term). If your application is accepted, your employment will be converted to an indefinite-term labour contract from the day following the last day of the current contract period (year /month /day). In this case, indicate whether or not there is a change in working conditions from this contract (No☐/ Yes☐(as attached)).

本契約期間中に会社に対して期間の定めのない労働契約(無期労働契約)の締結の申込みをすることにより、本契約期間の末日の翌日(年 月 日)から、無期労働契約での雇用に転換することができる。この場合の本契約からの労働条件の変更の有無(無 ・ 有(別紙のとおり))

[In the case of employees eligible for an exception under the Act on Special Measures for Fixed-term contract workers with specialized knowledge, etc.]
【有期雇用特別措置法による特例の対象者の場合】
Period in which the right to apply for conversion to indefinite term status is not granted:
I (highly skilled professional), II (elderly person after retirement age)
無期転換申込権が発生しない期間:Ⅰ(高度専門)・Ⅱ(定年後の高齢者)
I. Period from beginning to end of specific fixed-term task (months from ______ [maximum of 10 years])
Ⅰ 特定有期業務の開始から完了までの期間(年 か月(上限10年))
II. Period of continuous employment after reaching mandatory retirement age
Ⅱ 定年後引き続いて雇用されている期間

II. Place of Employment
就業の場所
(Immediately after hiring) (Scope of change)
(雇入れ直後) (変更の範囲)

III. Job duties
従事すべき業務の内容
(Immediately after hiring) (Scope of change)
(雇入れ直後) (変更の範囲)

[In the case of employees eligible for an exception under the Act on Special Measures for Fixed-term contract workers with specialized knowledge, etc. (highly skilled professional)]
【有期雇用特別措置法による特例の対象者(高度専門)の場合】
・Specific fixed-term task(Start date: End date:)
・特定有期業務(開始日: 完了日:)

(Continued on next page)
(次頁に続く)

図 4-9(1) 労働条件通知書(表:英語版)

IV. Matters regarding Opening and closing time, Break time, Change in shifts, and Overtime (circle one that applies from (1) to (5))
始業、終業の時刻、休憩時間、就業時転換((1)～(5)のうち該当するもの一つに○を付けること。)、所定時間外労働の有無に関する事項

Opening and closing time:
始業・終業の時刻等

1. (1) Opening time ( ) Closing time ( )
(1) 始業（ 時 分） 終業（ 時 分）

[If the following systems apply to workers]
【以下のような制度が労働者に適用される場合】

(2) Irregular labor system, etc.: Depending on the following combination of duty hours as an irregular ( ) unit work or shift system.
(2) 変形労働時間制等：（ ）単位の変形労働時間制・交代制として、次の勤務時間の組み合わせによる。

- Opening time ( ) Closing time ( ) (Day applied:)
始業（ 時 分） 終業（ 時 分） （適用日 ）
- Opening time ( ) Closing time ( ) (Day applied:)
始業（ 時 分） 終業（ 時 分） （適用日 ）
- Opening time ( ) Closing time ( ) (Day applied:)
始業（ 時 分） 終業（ 時 分） （適用日 ）

(3) Flex time system: Workers determine opening and closing time.
フレックスタイム制；始業及び終業の時刻は労働者の決定に委ねる。
[However, flex time: (opening) from ( ) to ( );
（ただし、フレキシブルタイム （始業）（ ）時（ ）分から（ ）時（ ）分、
(closing) from ( ) to ( )
（終業）（ ）時（ ）分から（ ）時（ ）分、
Core time: from (opening) ( ) to (closing) ( )]
コアタイム （ ）時（ ）分から（ ）時（ ）分）

(4) System of deemed working hours outside workplace: Opening ( ) Closing ( )
事業場外みなし労働時間制；始業（ 時 分） 終業（ 時 分）

(5) Discretionary labor system: As determined by workers based on opening ( ) closing ( )
裁量労働制；始業（ 時 分） 終業（ 時 分）を基本とし、労働者の決定に委ねる。

○ Details are stipulated in Article ( ), Article ( ), Article ( ) of the Rules of Employment
詳細は、就業規則第（ ）条～第（ ）条、第（ ）条～第（ ）条、第（ ）条～第（ ）条

2. Rest period ( ) minutes
休憩時間（ ）分

3. Presence of overtime work (Yes:☐ No:☐)
所定時間外労働の有無（ 有 ， 無 ）

V. Days off
休日

- Regular days off: Every ( ), national holidays, others ( )
定例日；毎週（ ）曜日、国民の祝日、その他（ ）
- Additional days off: ( ) days per week/month, others ( )
非定例日；週・月当たり（ ）日、その他（ ）
- In the case of irregular labor system for each year: ( ) days
１年単位の変形労働時間制の場合－年間（ ）日

○ Details are stipulated in Article ( ), Article ( ), Article ( ) of the Rules of Employment
詳細は、就業規則第（ ）条～第（ ）条、第（ ）条～第（ ）条、第（ ）条～第（ ）条

VI. Leave
休暇

1. Annual paid leave: Those working continuously for 6 months or more, ( ) days
年次有給休暇 ６か月継続勤務した場合→（ ）日
Those working continuously up to 6 months, (Yes:☐ No:☐)
継続勤務６か月以内の年次有給休暇 （ 有 ， 無 ）
→ After a lapse of ( ) months, ( ) days
（ ）か月経過で（ ）日
Annual paid leave (in hours) (Yes:☐ No:☐)
時間単位年休 （ 有 ， 無 ）

2. Substitute days off (Yes:☐ No:☐)
代替休暇 （ 有 ， 無 ）

3. Other leave: Paid ( )
その他の休暇 有給 （ ）
Unpaid ( )
無給 （ ）

○ Details are stipulated in Article ( ), Article ( ), Article ( ) of the Rules of Employment
詳細は、就業規則 第（ ）条～第（ ）条、第（ ）条～第（ ）条、第（ ）条～第（ ）条

(Continued on next page)
（次頁に続く）

図 4-9（2） 労働条件通知書（裏：英語版、さらに続く）

たっては、他の正社員などとのバランスを考慮した事項の説明に努めることとされています。

外国人労働者の場合は、在留資格により契約期間が異なりますので、入社前に確認しましょう。

②就業の場所・従事すべき業務の内容

2024年4月の改正により「就業場所と業務の変更の範囲」について、労働契約の締結時と、有期労働契約の更新時に、書面による明示が必要になりました。「就業場所と業務」とは、外国人を含む労働者が通常就業することが想定されている就業の場所と、外国人を含む労働者が通常従事することが想定されている業務のことです。また、「変更の範囲」とは、今後の見込みも含め、その労働契約の期間中における就業場所や従事する業務の変更の範囲のことです。

外国人労働者の場合は、在留資格により分野や職種が決まっていることがありますので、事前に確認をとり、本人にもきちんと説明することが必要です。

③始業・終業時刻、休憩時間、就業時転換、所定時間外労働の有無に関する事項

始業・終業時刻、休憩時間、就業時転換、所定時間外労働の有無について外国人労働者に事前に説明をします。休憩時間については、労働時間が6時間を超える場合においては少なくとも45分、8時間を超える場合においては少なくとも1時間の休憩時間を労働時間の途中に与えなければい

けません。外国人労働者の場合は、在留資格により働ける労働時間が制限される場合がありますので、注意しましょう。

④休日・休暇

休日と休暇の違いをご存知でしょうか。休日は労働義務のない日であり、休暇は労働義務が免除される日です。特に、年次有給休暇については、外国人労働者についても日本人同様に取得することができます。

⑤賃金

基本給、諸手当、残業代や深夜労働に支払われる割増率、賃金締切日・支払日、賃金の支払い方法などを定めることが必要です。銀行振り込みにする場合は、外国人労働者より事前に同意書をとります。また、外国人労働者から寮費などを給料から控除する場合は、「24協定」という労使協定を締結する必要があります。

⑥退職に関する事項

定年制、継続雇用制度、自己都合の手続き、解雇の事由および手続きなどを記載します。

⑦その他

「その他」の項目には、社会保険の加入状況、雇用保険の適用、中小企業退職金共済制度の加入の有無、企業年金制度の有無、雇用管理の改善などに関する相談窓口などを記載することができます。

労働条件通知書は、外国人労働者が理解できる言語で提供することが推奨されます。これにより、労働条件の誤解やトラブルを防ぐことができます。望ましいのは、労働条件通知書は書面で交付し、しっかりと直接説明することです。

労働条件通知書は、外国人労働者が安心して働ける環境を提供するための基本的な情報を含んでいますので、雇用主はしっかりと説明し、外国人労働者からの質問に対して丁寧に回答することが重要です。

このように、労働条件通知書は労働契約の重要な部分であり、外国人労働者が安心して働けるようにするための基本的な手段です。

コラム③　外国人労働者にとって日本の魅力がなくなりつつあるのではないか？（円安や経済停滞による低賃金などの影響は？）

ＩＭＤ（国際経営開発研究所：International Institute for Management Development）が作成する『世界競争力年鑑（World Competitiveness Yearbook）』の２０２３年版が公表され、日本は過去最低となる35位となりました。近隣国である台湾、中国、韓国より下位となっています。

このランキングは、総合指標以外に「経済状況」「政府効率性」「ビジネス効率性」「インフラ」の四つの指標で評価されています。なかでも、次ページとその次のページの表にあるように、「政府効率性」と「ビジネス効率性」が低い数値になっています。当時の岸田内閣は、選ばれる国と宣言し、技能実習制度を廃止し、育成就労制度に舵を切りました。これらの指標以外においても、世界から選ばれる日本となるための魅力を、対外的にどのように示していくのかが課題となります。

次に、企業自らが外国人労働者を惹きつける魅力をつくることが必要となります。

ある介護業界に精通した監理団体の担当者は、諸外国から選ばれるように、「介護福祉士の資格の取得をサポートするので、あなたのキャリアアップができますよ」と外国人労働者にアピールしています。

　私も知らなかったのですが、日本の介護福祉士資格は、世界でもトップクラスだそうです。また、この担当者も介護系の資格をたくさんお持ちの方で、以前に海外の方からヘッドハンティングの話があり、給与は日本の3倍を提示された

IMF「世界競争力年鑑」2023年　総合順位

順位	国名	22年からの順位差
1	デンマーク	△0
2	アイルランド	△9
3	スイス	▲1
4	シンガポール	▲1
5	オランダ	△1
6	台湾	△1
7	香港	▲4
8	スウェーデン	▲2
9	米国	△1
10	UAE	△2
11	フィンランド	▲3
12	カタール	△6
13	ベルギー	△8
14	ノルウェー	▲5
15	カナダ	▲1
16	アイスランド	△0
17	サウジアラビア	△7
18	チェコ	△8
19	オーストラリア	△0
20	ルクセンブルク	▲7
21	中国	▲4
22	ドイツ	▲7

順位	国名	22年からの順位差
23	イスラエル	△2
24	オーストリア	▲4
25	バーレーン	△5
26	エストニア	▲4
27	マレーシア	△5
28	韓国	▲1
29	英国	▲6
30	タイ	△3
31	ニュージーランド	△0
32	リトアニア	▲3
33	フランス	▲5
34	インドネシア	△10
35	**日本**	**▲1**
36	スペイン	△0
37	カザフスタン	△6
38	クウェート	—
39	ポルトガル	△3
40	インド	▲3
41	イタリア	△0
42	スロベニア	▲4
43	ポーランド	△7
44	チリ	△1

順位	国名	22年からの順位差
45	キプロス	▲5
46	ハンガリー	▲7
47	トルコ	△5
48	ルーマニア	△3
49	ギリシャ	▲2
50	クロアチア	▲4
51	ラトビア	▲16
52	フィリピン	▲4
53	スロバキア	▲4
54	ヨルダン	△2
55	ペルー	▲1
56	メキシコ	▲1
57	ブルガリア	▲4
58	コロンビア	▲1
59	ボツワナ	▲1
60	ブラジル	▲1
61	南アフリカ	▲1
62	モンゴル	▲1
63	アルゼンチン	▲1
64	ベネズエラ	▲1

注：22年からの順位差は2022年判順位からの上昇（△）、下落（▲）幅を示す。
出所：IMD「世界競争力年間」2023年より三菱総合研究所作成。

大分類・小分類別にみる日本の競争力順位の推移

	2019	2020	2021	2022	2023
1. 経済状況	16	11	12	20	26
1.1 国内経済	21	9	8	27	27
1.2 貿易	44	39	43	49	57
1.3 国際投資	11	9	9	12	12
1.4 雇用	4	2	2	2	5
1.5 物価	59	59	61	60	57

	2019	2020	2021	2022	2023
2. 政府効率性	38	41	41	39	42
2.1 財政	59	61	63	62	62
2.2 租税政策	40	41	42	34	38
2.3 制度的枠組み	24	21	24	25	28
2.4 ビジネス法制	31	35	34	36	38
2.5 社会的枠組み	31	29	27	26	26

	2019	2020	2021	2022	2023
3. ビジネス効率性	46	55	48	51	47
3.1 生産性・効率性	56	55	57	57	54
3.2 労働市場	41	45	43	44	44
3.3 金融	18	18	15	18	17
3.4 経営プラクティス	60	62	62	63	62
3.5 取り組み・価値観	51	56	55	58	51

	2019	2020	2021	2022	2023
4. インフラ	15	21	22	22	23
4.1 基礎インフラ	42	44	43	38	36
4.2 技術インフラ	20	31	32	42	33
4.3 科学インフラ	6	8	8	8	8
4.4. 健康・環境	8	9	9	9	8
4.5 教育	32	32	32	28	35

注：2018 年から 2020 年、2022 年版では 63 カ国・地域中、2022 年版では 64 カ国・地域中の順位
出所：IMD「世界競争力年間」2023 年より三菱総合研究所作成。

ことがあるそうです。

このように、来日を考える外国人労働者からみて、魅力的なキャリアパスを日本企業が構築することは、とても大切だと感じました。

結局、外国人労働者が日本を選び、そのうえで日本の企業を選びます。そのための魅力づくりが必要不可欠となるのです。

第5章　外国人労働者受け入れのメリット

1　労働力不足の解消

日本は少子高齢化社会に直面しており、労働力の減少が深刻な問題となっています。国立社会保障・人口問題研究所の「日本の将来推計人口（令和5年推計）」によれば、2040年までに生産年齢人口が約1200万人減少すると予測されています。また、総人口は年間100万人ペースで減少し、2100年には人口の4割が高齢者となる見込みです。

このような背景から、労働力不足の解消は日本経済にとって喫緊の課題となっています。技能実習生や特定技能外国人の受け入れは、この課題を解決するための重要な手段の一つとなっています。現在までに、日本が受け入れた外国人労働者は約60万人を超えており、今後も増加が見込まれています（表5—1）。

さらに、政府は「働き方改革」を推進し、労働時間の削減や育児・介護との両立支援、テレワークの普及

表5-1　在留外国人数および外国人労働者数
（2023年概数）

在留外国人数	約341万
技能実習生数	約40万 ベトナム　約20.3万 インドネシア　約7.4万 フィリピン　約3.6万 中国　約2.9万
特定技能外国人数	約21万 ベトナム　約11.1万 インドネシア　約3.4万 フィリピン　約2.1万 中国　約1.3万
（参考）外国人労働者数	約205万

単位：人

などに取り組んでいますが、２０２４年からの時間外労働の上限規制（いわゆる「２０２４年問題」）により、一層の労働力不足がより深刻となりました。このような状況下で、外国人労働者の存在は、企業が必要とする労働力を確保するうえで不可欠なものとなっています。

また、国外の労働市場でも変化が進んでいます。グローバリゼーションの進展により、国境を越える人の移動が増加し、企業はグローバルな人材を求めるようになっています。特にＩＴ分野では、遠隔地の労働力を活用する「デジタルノマド」と呼ばれる働き方が増加しています。これにより、地理的制約が減少し、世界中のどこでも働ける環境が整いつつあります（図５―１）。

このような国内外の労働市場の変化に対応するため、外国人労働者の受け入れは、労働力不足を解消し、日本経済の持続的成長を支える重要な手段となっています。

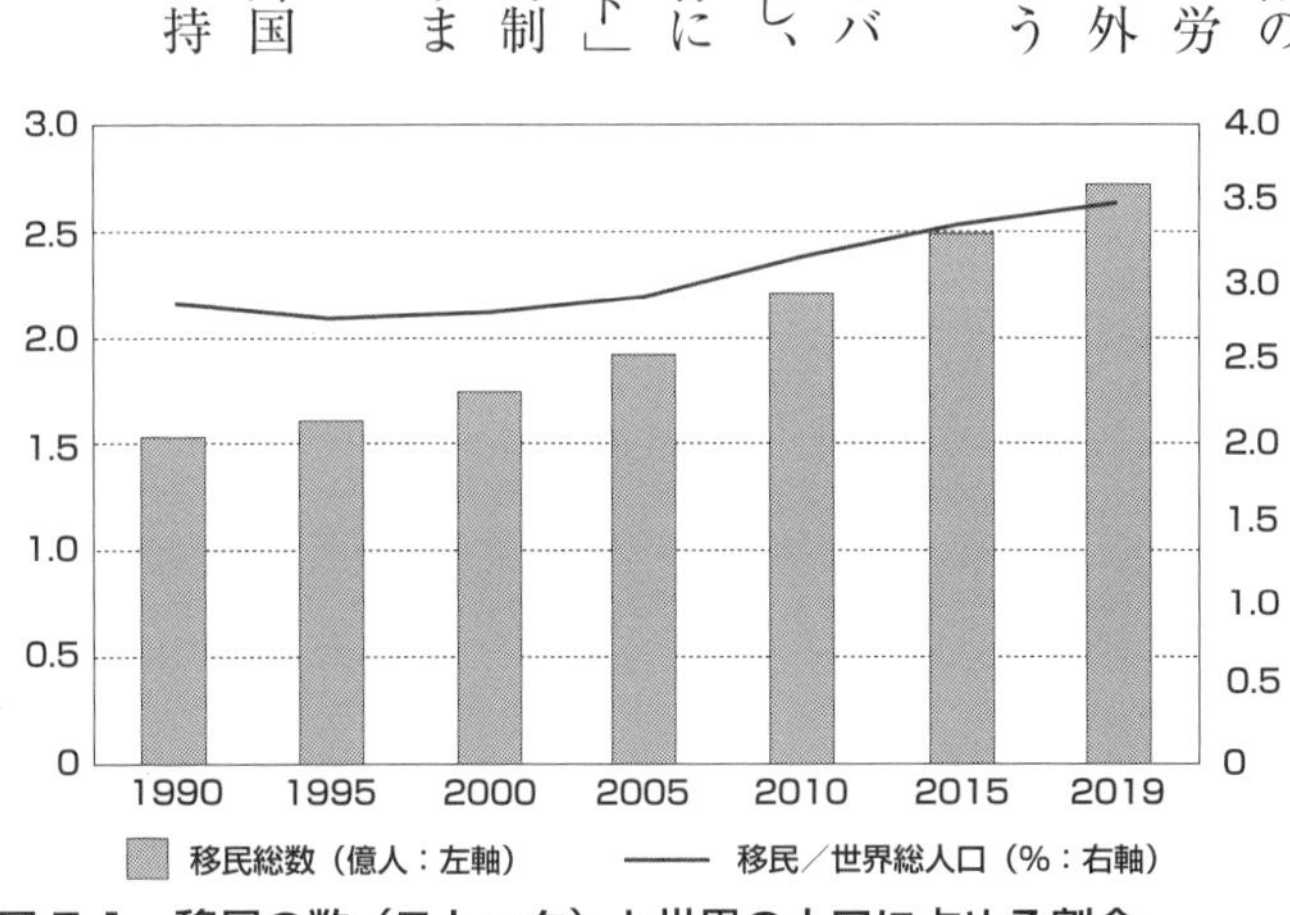

図 5-1　移民の数（ストック）と世界の人口に占める割合

2　多様性の推進

外国人労働者の受け入れは、企業内での多様性を促進します。異なる文化や背景を持つ人々が協働することで、新しいアイデアや視点が生まれやすくなります。多様性は、問題解決能力や創造性を高め、企業の競争力を強化する要素となります。また、多様なチームの構成は顧客やクライアントに対しても魅力的に映り、信頼関係の構築にも寄与します。

経済産業省の『多様な個を活かす経営へ～ダイバーシティ経営への第一歩～』（２０２１年３月）によると、「ダイバーシティ経営」とは、「多様な人材を活かし、その能力が最大限発揮できる機会を提供することで、イノベーションを生み出し、価値創造につなげている経営」を示します。外国人労働者の受け入れは、まさにこのダイバーシティ経営を推進する手段となります。以下に、外国人労働者の受け入れにより促進される多様性の効果について詳述します。

①プロダクト・イノベーション

外国人労働者の異なる分野の知識、経験、価値観が融合することで、新しい発想が生まれ、対価を得る製品やサービス自体を新たに開発したり、改良を加えたりすることが可能になります。これにより、企業は市場のニーズに応じた革新的なプロダクトを提供し続けることができます。

②プロセス・イノベーション

多様な人材がその能力を発揮できる働き方を追求することで、製品やサービスの開発、製造、販売における手段が新たに開発され、効率化されます。管理部門の効率化を含め、業務プロセス全体の効率性や創造性が高まり、企業の競争力が向上します。

③外的評価の向上

多様な人材を活用し、そこから生まれる成果によって、企業の外的評価が高まります。優秀な人材の獲得や顧客満足度・社会的認知度の向上など、多様性を推進することで企業のブランド価値が向上し、信頼性が増します。

④職場内の効果

多様性のある職場環境が整備されることで、社員のモチベーションが向上し、職場環境が改善されます。異なる背景を持つ人々がともに働くことで、お互いの文化や価値観を理解し尊重する風土が醸成され、社員が自分の能力を最大限に発揮できる働きがいのある職場へと変化します。

外国人労働者の受け入れは、企業内の多様性を推進し、企業の競争力を強化するための重要な手段です。多様性を活かした経営により、企業はイノベーションを創出し、価値創造を実現することができるのです。

3　グローバルな視点の導入

外国人労働者を受け入れることで、企業はさまざまな面でグローバルな視点を導入でき、その結果として多くのメリットを享受することができます。以下にその具体的なメリットを解説します。

①現地の市場の深い理解

外国人労働者は、自国の市場動向や消費者の嗜好、競合他社の戦略について深い知識を持っています。この知識を活用することで、企業は現地の市場ニーズに合致した製品やサービスを提供でき、効果的な市場進出が可能となります。例えば、マーケティングにおいてアンケートをとるなどの調査をスムーズに行うことができます。

②新たなビジネスチャンスの発見

外国人労働者が持つネットワークや人脈を活用することで、新たなビジネスチャンスをみつけることができます。外国人労働者の知識と経験をもとに、企業は新しい市場に迅速に進出し、国際的な取引機会を増やすことができます。

③多言語対応と文化理解の向上

多言語対応ができる外国人労働者を雇用することで、国際的な顧客や取引先とのコミュニケーションが円滑になります。これにより、顧客満足度が向上し、取引先との信頼関係が強化されます。例えば、現地の言語での対応が可能になることで、顧客からの信頼を得やすくなります。

４　イノベーションの促進

外国人労働者が企業のイノベーションに貢献した事例を『令和2年度 新・ダイバーシティ経営企業100選 100選プライム／新100選 ベストプラクティス集』のなかから紹介します。

スズキハイテック株式会社は、1914年創業の山形県のメッキ加工業者であり、長年にわたり多様な製品の表面処理を受注して事業を拡大してきました。しかし、リーマンショックや東日本大震災による影響で国内の受注が減少し、世界市場に進出する必要が生じました。２０１２年には中国大手メーカーと技術提携、２０１４年にはメキシコに現地法人を設立しましたが、法制度や文化の違いに苦労しました。

そこで同社は、受注生産型から開発主導型の企業に転換するため、多様な人材を採用し、企業のマインドを変革することが不可欠と考えました。また、優秀な日本人社員の採用が困難であったため、外国人材の採用に注力しました。２０１５年には、メキシコと同じスペイン語が公用語であるボリビア出身の留学生と、中国出身の留学生を採用しました。

外国人労働者の採用にあたって現経営トップは「理解と尊重と共有」を重視し、外国人労働者が安心して働ける環境を整備しました。入社前に経営トップが直接面談し、会社の期待や外国人労働者の希望をすり合わせることに努めました。また、外国人労働者を社長直属として配置し、サポート体制を強化しました。

外国人労働者の活躍によって、同社は受動的な風土から挑戦的な企業体質へと変革し、受託一辺倒のビジネスモデルから、開発主導型かつ多様性を受容する社風に変化しました。この変化は技術開発や新規事業において成果を上げ、電動化に対応した主力製品の量産化にも成功しています。また、外国人労働者の活躍を外部メディアで発信することで、社内外によい影響を与え、新たな優秀な人材の獲得にもつながりました。

5　国際的な競争力の強化

日本貿易振興機構（ＪＥＴＲＯ）の『２０２３年度ジェトロ海外ビジネス調査日本企業の海外事業展開に関するアンケート調査』によると、以下のように報告されています。

２０２４年度の海外売上高について、前年比で「増加」を見込む企業の割合は全体の55・７％。国内で売上高増加を見込む企業の割合を7・3ポイント上回りました。特に製造業で、海外売上高の増加を見込む割合が高く、医療品・化粧品、化学、飲食料品、精密機器では、６割以上で増加が見込まれています。

外国人労働者を雇用する企業の割合は51・４％と、前年（51・５％）から横ばいであり、大企業では８割強が外国人労働者を雇用している状況です。今後2～3年の外国人労働者の雇用方針では、「今後増やす／新たに雇用する」が全体で28・４％でした。在留資格別にみると、2割強の企業が技術・人文知識・国際業務（高度人材）の雇用を拡大する見込みであり、海外進出や海外ビジネスの拡大を目指す企業は、外国人労働者の雇用にも意欲的です。

ＪＥＴＲＯの調査から明らかになったのは、日本企業が海外市場での成長を強く期待していることです。特に製造業では医療品、化学、食品、精密機器の分野で海外売上高の増加が見込まれています。さらに、外国人労働者の雇用に関しても、多くの企業が積極的な姿勢を示しており、特に高度人材の採用拡大を計画しています。
これらの動向は、日本企業が国際的な競争力を高めるための重要な要素となるでしょう。

6　外国人労働者のスキルの活用

永住者などのような在留資格を持つ外国人労働者の場合、明確なキャリアパスを明示することは大変重要です。企業にキャリアパスがない場合は、新しくそれをつくることをお勧めします。自分の未来のキャリアイメージがないことが不満になっているケースが多いからです。他の在留資格の場合、職種や産業が限定されるため、それを踏まえたキャリアパスを提示し、説明します。

例えば、留学生の場合、在留資格とのミスマッチが発生することがあります。多くの留学生は卒業後も日本での就職を希望し、高度人材の留学資格の一つである「技術・人文知識・国際業務」などの取得を目指しますが、出入国在留管理局の審査に通らないケースがあります。その理由としては、在留資格を意識して大学生活を送っていないことや、大学側が留学生の日本での就職のサポートを十分に行っていないことが考えられます。キャリアセンターや留学生を担当する学校の部門担当者が、企業、留学生、国際協会、国際センター、ハローワーク、外国人雇用サービスセンターなどと円滑に連携できていないため、効果的なサポートができていないのです。

高度な外国人材を将来的に雇用したいと考える企業は、自社に必要な人材を明確にし、そのうえで留学生に、1~2年生のうちから自社でのインターンシップや実務経験を積む機会を提供することが重要です。これにより、留学生は早期から企業文化に慣れ、企業側も彼、彼女らのスキルや適性を見極めることができます。

さらに、大学や専門機関と連携し、留学生のキャリア形成をサポートするプログラムを導入することも有効です。こうした取り組みを通じて、留学生の日本での就職が実現でき、企業も必要な人材を確保できるようになります。

7　労働生産性の向上

外国人労働者の雇用に関するメリットをいくつか挙げます。

まず、労働不足の解消と安定した生産活動です。日本の労働市場は少子高齢化の影響で深刻な人手不足に直面しています。この問題を解決する一つの方法として、外国人労働者の雇用が挙げられます。外国人労働者の受け入れは、即戦力としての人材を確保する手段となり、企業の生産活動を安定させることができます。日本人従業員の不足を補うことで、生産ラインの停止や遅延を防ぐことができます。特に製造業やサービス業などでは、安定した労働力の確保が重要です。労働力が安定することで、生産計画の見直しや改善が容易になり、効率的な生産体制を構築できます。

次に、生産性の向上が期待されます。労働力が安定することで、生産計画の見直しや改善が容易になり、効率的な生産体制を構築できます。これにより、生産性が向上し、企業の競争力が強化されます。

三つめに、多様な視点の導入が挙げられます。前述のスズキハイテックのように異なる文化やバックグラウンドを持つ労働者の存在は、企業の柔軟性や創造性を高め、新たなアイデアや解決策をもたらします。これにより、企業のイノベーションが促進され、さらなる成長が期待されます。

四つめは、従業員のスキルアップと業務見直しの機会となります。外国人労働者の雇用は、既存の従業員にとっても大きなメリットをもたらします。新しい視点やスキルを持った外国人労働者が加わることで、社内全体のスキル向上や業務改善の機会が生まれます。外国人労働者を受け入れる際には、コミュニケーションや業務に関するトレーニングが必要です。これにより、既存の従業員もともに学び、スキルを高めることができます。新しい知識や技術を習得する機会が増え、従業員全体の能力が向上します。

五つめに、業務プロセスの見直しの機会が生まれます。新しい視点からの提案や意見が加わることで、従来の業務プロセスを再評価し、効率化や改善の機会が生まれます。例えば、手作業の自動化や業務フローの簡素化などが挙げられます。これにより、業務の効率が向上し、企業全体の生産性が高まります。

最後に、異文化理解の促進が挙げられます。外国人労働者との協働により、グローバルで多様なビジネス環境への対応力が高まり、将来的な国際展開の基盤が構築されるのです。

8　職場の文化交流

日本人同士では、職場で多様化した考えや発想を持ちにくいものです。しかし、外国人労働者の価値観や文化を知ることで、日本人自身が価値観を広げることができるというメリットがあります。

ある企業では、イスラム教徒の技能実習生を受け入れたところ、イスラム教徒の義務である断食「ラマダン」がありました。その際、日本人従業員は、「ご飯食べなくてよいのですか？」と心配して声をかけていました。心配してくれる気持ちは嬉しいのですが、何度も聞かれると心苦しくなったとのことです。この経験から、日本人従業員はさまざまな文化があることを理解できました。

別の企業では、中国人の技能実習生が３歳の子供を母国に残して日本に出稼ぎにきているという話を聞いて、日本人従業員は驚きました。しかし、その外国人労働者とコミュニケーションをとることで、出稼ぎすることが家族のためになるということを理解しました。

日本人同士ではなかなか視野が広がりませんが、外国人労働者と働くことで広い視野や考え方を得ることができるのです。

「ダイバーシティ＆インクルージョン」とよくいわれます。しかし、言葉だけの認識で、実態としての理解はありませんでした。それが、現実に外国人労働者とかかわることによって、本来の意味が理解できるようになります。

日本の職場において、外国人労働者との文化交流は、日本人従業員が価値観を広げ多様な視野を持つきっかけとなります。異なる文化や価値観に触れることで、日本人従業員は多様性の重要性を理解することができます。これにより、職場全体の文化的な豊かさが増し、よりよい職場環境が形成されるのです。

9 顧客サービスの向上

観光業、小売業、飲食業では、外国人労働者を雇用することにより、多様な言語対応が顧客サービス向上につながります。

①観光業の場合

①ホテル・宿泊業：外国人観光客に対して母国語での対応が可能になり、宿泊サービスの質が向上します。チェックイン・チェックアウトの手続きや観光案内などがスムーズに行われます。

②旅行代理店：多言語対応のスタッフがいることで、旅行プランの提案や現地でのサポートが充実

します。

③観光施設：博物館、美術館、テーマパークなどでは、多言語案内が可能となり、外国人観光客の満足度が向上します。

②小売業の場合

①デパート・ショッピングモール：多言語対応のスタッフがいることで、外国人観光客や移住者への接客が円滑になり、売上向上につながります。

②高級ブランド店：多言語対応のスタッフが顧客対応することで、購買意欲を高めることができます。

③飲食業の場合

①レストラン・カフェ：メニューの多言語化やスタッフの多言語対応により、外国人客が注文しやすくなり、リピーターを増やすことができます。

②フードデリバリー：多言語対応のカスタマーサポートがあることで、注文やトラブル対応がスムーズになります。

また、顧客基盤の拡大がサービス向上につながる場合もあります。

④教育産業の場合

○語学学校：外国人講師を雇うことで、多様な言語と文化に基づいた教育が提供でき、受講生の満足度が向上します。

⑤医療・介護業の場合

①病院・クリニック：多言語対応のスタッフがいることで、外国人患者に対する診療がスムーズになり、信頼関係が築けます。

②介護施設：多文化共生を推進する介護サービスを提供することで、外国人高齢者やその家族のニーズに応えることができます。

⑥IT関連業の場合

①製品開発：多様な人材を雇用することで、多文化に対応した製品開発が可能となり、国際市場での競争力が高まります。

②カスタマーサポート：多言語対応のカスタマーサポートを提供することで、国際的な顧客の問題解決が迅速に行え、サービス品質が向上します。

外国人労働者を雇用することで、企業は多様な言語への対応と文化理解を深め、顧客サービスの向上を図ることができます。特に観光業、小売業、飲食業では、外国人労働者が多言語での対応を可能にし、顧客の満足度を高めます。また、教育、医療・介護、ＩＴ業界においても、それぞれの文化に対応したサービスの提供や国際市場での競争力向上が期待できます。これにより、新しい顧客基盤を開拓し、企業の成長とサービス品質の向上が実現します。企業にとって、文化理解や多言語対応を積極的に推進することは大変重要です。

10　外国人労働者のネットワークの活用

外国人労働者のネットワークをビジネスに活用することは、企業にとってメリットがあります。以下は、その具体的な方法です。

①外国人労働者ネットワークの構築

既存の外国人労働者のネットワークを効果的に活用する方法です。企業内ですでに働いている外国人労働者を通じて友人や知りあいを紹介してもらう方法が有効です。特に同国出身者や同じ業界で働く人々とのネットワークが役立ちます。また、ソーシャルメディアプラットフォームを活用して、外国人労働者のコミュニティやグループに参加します。求人情報を投稿したり、直接メッセージを送ることで接点を増やします。

②地域コミュニティとの連携

地域で開催される外国人向けの文化イベントやフェスティバルに企業として参加し、ブースを出展して求人情報を提供します。また、企業の名前を覚えてもらうことで、信頼性が向上します。

外国人労働者のネットワークの活用は、企業にとって多くのメリットをもたらします。これまでになかった海外のネットワークを最大限に活用し、国外との新たな接点を増やすことで、信頼関係を築き、優れた人材の確保ができます。また、地域コミュニティとの連携を強化することで、企業の知名度や信頼性が向上し、外国人労働者に魅力的な職場環境を提供することができます。このような取り組みを通じて、多様な人材を採用し、企業の競争力を高めることが期待されます。

そして、外国人労働者の雇用は、企業の人的資本として重要な役割を果たします。多様な知識とスキルの導入、国際的な視点の獲得、包容力のある組織文化の形成、創造性とイノベーションの活性化、そしてＣＳＲの推進など、さまざまな面で企業の競争力を高めるのです。

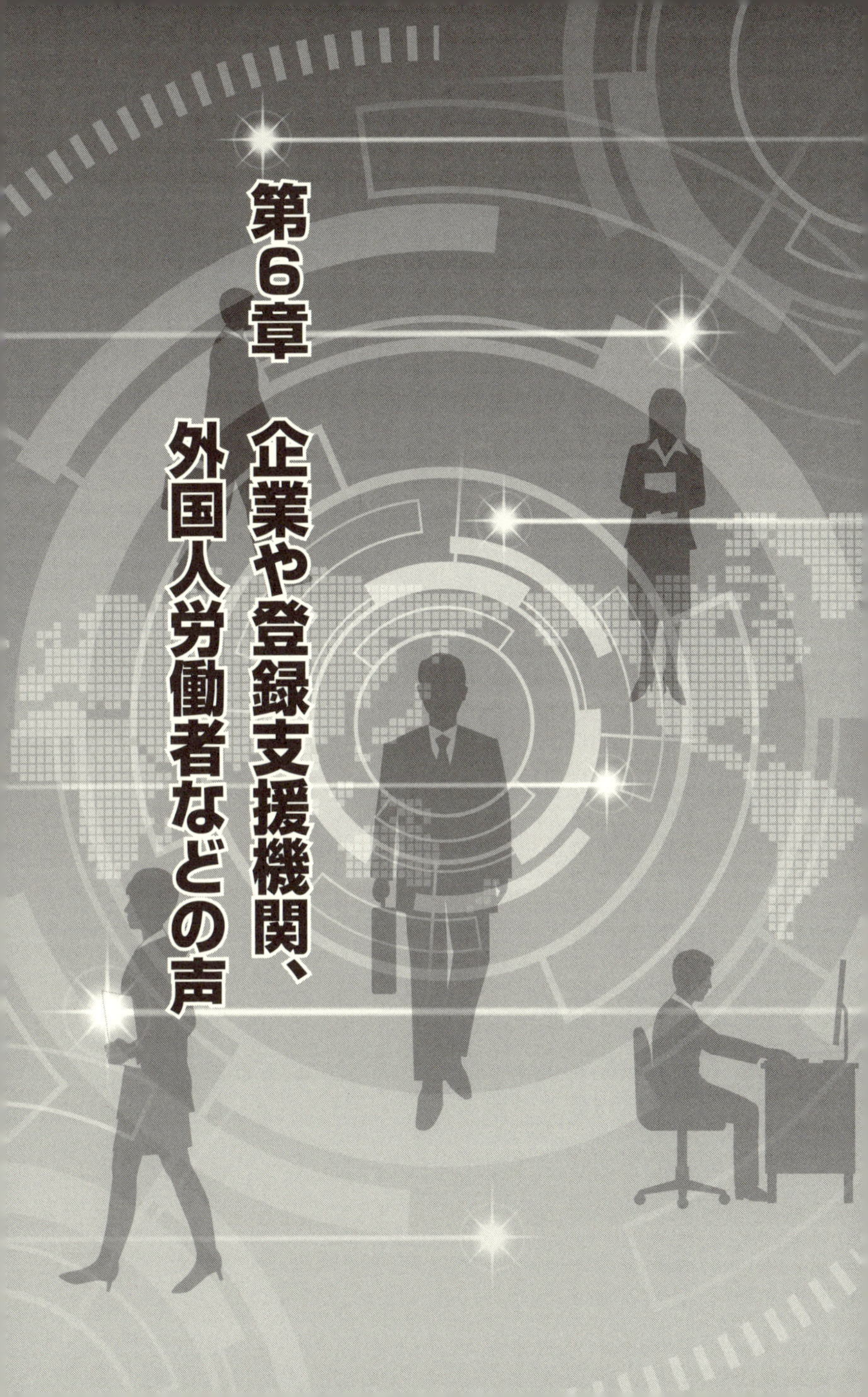

第6章　企業や登録支援機関、外国人労働者などの声

最終章である本章では、社会福祉法人、特定非営利活動法人や企業の外国人労働者の受け入れに関する事例を取り上げ、その成功要因と課題を詳しく掘り下げます。日本の労働市場では、高齢化と少子化による人手不足が深刻な問題となっており、その解決策として外国人労働者の採用が注目されています。しかし、単なる人手不足の補完策としてではなく、外国人労働者をチームの一員として迎え入れ、ともに成長していくためには、多くの課題もあり、工夫が必要です。

まず、社会福祉法人光養会の事例では、介護分野におけるベトナム人介護技能実習生の受け入れに焦点を当て、採用の経緯やプロセス、言葉や文化の壁を乗り越えるための取り組みを紹介します。

次に、建設業界の有限会社藤山工業の事例では、人材不足を背景に外国人労働者を雇用するに至った経緯や、面接でのポイント、職場環境の整備について詳述します。さらに、長年にわたって外国人労働者を雇用しているエバオン株式会社の事例を通じて、彼、彼女らを企業の成長エンジンとして活用するための施策を紹介します。

また、特定非営利活動法人加楽の事例では、地域社会とともに外国人労働者を支援し、定住外国人が介護分野で活躍するための取り組みを探ります。さらに、滋賀県国際介護・福祉人材センターと株式会社クローバーの事例を通じて、監理団体や登録支援機関が果たす役割や、地域社会との連携の重要性についても触れてみます。

加えて、外国人労働者自身の事例も取り上げ、彼、彼女らが日本で直面する課題や、それを乗り越えて成功した体験を通じて、企業や支援団体が果たすべき役割を考察します。中国、ペルー、バルト三国、スリランカから来日した外国人労働者の事例を通して、彼、彼女らが日本にどのように適応し、成長していったのかを探ります。

これらの事例を通じて、外国人労働者の雇用が企業や地域社会に与える影響、そしてその過程で直面する課題や成功要因について、多角的に考察します。ご参考になれば幸いです。

1　社会福祉法人光養会（介護／在留資格：技能実習）の事例

①法人概要

社会福祉法人光養会は、特別養護老人ホーム、ショートステイ、デイサービスセンター、ケアプランセンターを運営している職員１３０名ほどの法人です。そして、外国人労働者の採用とサポートに積極的に取り組んでいます。２０２１年2月、一人のベトナム人介護職技能実習生を採用したことが、そのきっかけとなりました。現在は、ベトナム人介護職技能実習生２名が活躍しています。

②採用の経緯と理由

同法人が外国人労働者を採用することになった理由は、まず国際貢献のためです。この意図は職員にも十分に説明され、理解を得ました。最初に採用したベトナム人介護職技能実習生は、監理団体を通じて日本とベトナム間のオンライン面接を送り出し機関で実施しました。その後、管理者である施設長が、ベトナム現地で面接を行い、通訳を交えての対話や実技の評価を通じて、適切な人材かを見極めました。

③採用プロセス

監理団体を通じて送り出し機関のあるベトナムで直接面接を行いました。お皿の上の豆を箸でつかんだり、土嚢を運んだりといった実技試験を行い、通訳の助けを借りながらコミュニケーションを図りました。最終的に、3名の候補者のなかから1名を採用することが決定しました。

④初期の課題と対策

まず、異国の地から受け入れを行うということを意識し、組織で一つになって受け入れ体制を整えるように心がけました。来日までに時間があるので、新たに介護職技能実習生を受け入れることを掲示板で伝え、職員らにもオンラインで職場のイメージをしてもらいやすいような説明を行いました。ほかにも、言葉の壁がありました。採用当初、日本語が未熟だった彼女らは、努力を重ね、日本語講師の支援を受けて日本語を学びました。こうして、帰国する3年後には関西弁や方言なども使い、冗談を話すなど日本人と同様の日常会話ができるまでになりました。

⑤職場環境と生活サポート

外国人労働者が働きやすい職場環境を整えるために、法人では生活面でのサポートを重視しました。市役所の手続きや近隣のスーパーへの案内など、職員が協力して支援しました。さまざまな職員がかかわることで、彼女らと徐々にコミュニケーションをとることができました。また、日本語だけでなく介護の職業テストなどの教育研修も実施し、介護職技能実習生としての業務に必要な知識とスキルを身につけることができました。

⑥言葉と文化の壁

言葉の壁に関しては、その人の人柄や性格も大きく影響します。N2やN3を勉強していても、実際のコミュニケーションがうまくできなければ、業務に支障をきたします。なかでも愛嬌のある彼女は、多少言葉が通じなくても職員や入居者から慕われており、イキイキと仕事をしているのが印象的でした。一方で、文化の違いも問題となり、例えばゴミの分別ができないといったこともありました。しかし、お互いにフォローしあい、教えあうことでこれらの課題を克服しました。

さらに、近隣の小学校の国際教育の授業に講師として招かれ、ベトナムと日本の小学校の違い、歴史、文化、介護の車いすの移乗方法などを子どもたちに伝えるといった交流により、地域とのつながりも深まりました。

⑦成功事例と失敗事例

外国人労働者を雇い入れてよかったことは、彼女の働く姿勢がとても誠実だったため、他のメンバーによい影響を与えたという点です。入居者からも慕われ、いつも愛称で呼ばれていてました。また、窓ガラスの掃除を隅々まで行ったりして同じ職場で働くメンバーからも信頼を得ていました。彼女が母国に戻るときには、最寄りの駅で20名ほどの職員が見送りをしたほどです。一方、失敗というほどではないのですが、外国人労働者一人ひとりの個性が違うので、できるだけ個別に対応することが必要だと感じました。

⑧今後の外国人労働者受け入れ計画

２０２５年度には、フィリピンの留学生を受け入れる予定です。彼女は現在専門学校生で介護福祉士の実習を当施設で受けています。実習後の休暇時には当施設で１か月程度アルバイトをしながら、現場の経験を積み、職員とコミュニケーションをとっています。今後は、介護福祉士の資格を取得し、正式な採用に向けた準備を進めています。

⑨現在の課題と展望

新規で創設される「育成就労」は、「技能実習」とは異なり、転籍が認められます。そのため、留学生を含め、日本人、外国人を問わず、就労先として選ばれる職場環境を整えることが重要です。組織や制度の整備を進め、よりよい職場環境を提供することで、今後の受け入れを円滑に進めることを意識し、ホワイト認定企業の取り組みなどを積極的に行っています。同法人が経験から得た教訓は、外国人労働者の採用とサポートにおいて、言葉や文化の壁を越えたコミュニケーションを図ることの重要性です。今後も、国際貢献を果たしながら、多様な人材が働きやすい職場環境の整備を目指していきます。

２　有限会社藤山工業（建設／在留資格：技能実習・特定技能）の事例

①会社概要

有限会社藤山工業は創業32年目を迎える建設会社であり、２０００年に法人化されました。同社はとび土工を中心とした事業を展開し、仮設の足場を組むことを中心に行っています。現在の従業員数は11名で、そのうち５名が外国人労働者です。これらの外国人労働者は全員ベトナム出身であり、特定技能２名と技能実習生３名で構成されています。

②外国人労働者雇用のきっかけ

同社が外国人労働者を雇用することになった最大の理由は、深刻な人材不足です。同業他社がベトナム人労働者を雇用しているのをみて、藤山工業も事業協同組合を通じてベトナム人労働者の雇用を検討するようになりました。特に日本人従業員の退職が多く、受注に困難を感じていたことも外国人労働者の雇用を進める大きな要因となりました。

③採用プロセス

同社は2018年に初めて外国人労働者の面接を行い、2019年3月に最初の技能実習生2名を雇用しました。2020年にはさらに2名を雇用しました。その後、コロナ禍の影響で現地での面接が困難となり、オンライン面接を実施し、さらに2名を採用しました。計6名のうち、1名は転籍しましたが、現在、外国人労働者5名が在籍しています。技能実習から特定技能に移行した外国人労働者も2名おり、彼らは引き続き藤山工業で活躍しています。

④面接でのポイント

面接は、ベトナムの学校で事前に足場組みのトレーニングを受けた候補者を対象に行われました。社長、事業協同組合の担当者、現地の学校担当者の3名が現地の候補者に対して面接を実施しました。社長が特に大切にしていたのは、候補者の自然な行動を見ることでした。それによって候補者の働く意欲や仕事に対する誠実な態度を垣間見ることができるからです。具体的には、作業中の態度や注意力を観察することを重視しました。

さらに、「なぜ日本で働きたいのか」や「好きな色は何か」といった質問を通じて、候補者の協調性や働く意欲を見極める工夫も行いました。「好きな色は何か」では、その色を選んだ理由を尋ねることにより、候補者の性格や仕事に対する姿勢を把握することができました。ある色を選んだ理由から、神経質な側面があるかどうかを感じ取り、それを同社での勤務に適しているかの判断基準にしました。

⑤外国人労働者を雇用するメリット

外国人労働者の雇用には多くのメリットがあります。彼らは非常に真面目であり、取引先からのクレームが比較的少ないことが特徴です。家族のためにお金を稼ぎたいなど目的が明確であり、必死で働く覚悟を持って来日するからです。取引先からの評価も高く、取引先の安全大会で表彰されたこともあります。また、技能実習生は3年間は転籍できないため、従業員の定着率が高まり、受注が安定するという利点もありました。さらに、外国人労働者が職場に加わることで、日本人従業員の間での調整が進み、職場全体によい影響を与えています。

⑥初期の課題と対応策

同社は、両国の文化や風土の違いから生じる課題に直面しました。例えば、近隣住民からの苦情や住居管理の問題などです。これらに対処するため、社長が住んでいた住居を外国人労働者に貸し出すことで解決を図りました。住居管理に関しては、部屋にペットボトルが散乱していることがあり、定期的に片づけの重要性を教育しています。また、これらの問題はベトナムの文化に起因することが多いため、許容できる部分は経営者が譲歩するなど、家族のような対応を心がけました。

⑦コミュニケーションの工夫

当初は、日本語の習得を促すために外国人労働者を別々に分けて配置するなどの対応策をとりました。また、臨床心理士のケアを導入し、メンタルヘルスのサポートを行うことにより、外国人労働者が働きやすい環境を整えています。これらにより離職率が低下し、職場環境が大幅に改善されました。外国人労働者だけでなく、日本人従業員にとっても働きやすい職場環境が提供されています。

⑧職場環境とサポート体制

定期的な教育とチェックを行い、段階的なＯＪＴ（現場訓練）を実施することで、外国人労働者が安心して働ける環境を提供しています。具体的には、最初はトラックに資材を積み込むなど本社で基本的な業務を行い、徐々に慣れてきたところで、現場での簡単な作業の割り当てを行い、能力にあわせて業務を覚えてもらう工夫をしています。また、今後は、やる気のある外国人労働者に対しては運転免許を取得してもらう取り組みも検討しています。

⑨今後の展望と課題

今後、同社は日本人の協力会社と外国人労働者の双方を増やす方針を持っています。しかし、国の政策の変化に柔軟に対応しなければならないという課題も抱えています。引き続き、外国人労働者が働きやすい環境を整えるための取り組みを続け、外国人労働者の雇用を促進していく予定です。

3　エバオン株式会社（卸売業／在留資格：高度人材）の事例

①会社概要

エバオン株式会社は１９５４年に創設され、機械や器具の卸売業を営んでいます。大阪の本社と五つの営業所（東京、掛川、東大阪、宇都宮、上海）があります。

現在の従業員数は96名で、そのうち８名が外国人労働者です。彼ら全員が「技術・人文知識・国際業務（技人国）」の在留資格を持っています。留学生として来日し、その後、技人国の資格を取得したのです。
外国人労働者の配置は以下のとおりです。

上海営業所：中国から1名　　海外事業部：中国、タイ、台湾の計4名
卸売部門：韓国から1名　　技術部：中国から1名　　物流部：中国から1名

②外国人労働者雇用のきっかけ

同社が外国人労働者の雇用を始めたのは32年前です。きっかけはまったくの偶然でした。当時の二代目社長が「中国の時代がくる」と常々語っていたのを聞いていた採用担当者が忖度したのです。これには、当時韓国やドイツとの取引経験を活かして、中国市場への進出を目指していたという背景がありました。中小企業同友会の共同求人活動に参加した際、中国人留学生がブースにきて名刺を渡してくれました。担当者はそのときに「このチャンスを逃してはならない」と決心し、積極採用に動き、社長も喜んで迎え入れました。ところが彼はまったくビジネス感覚がなく、周りの社員からの不評を買い退職。そんな失敗にもかかわらず「留学生はダメ」という先入観を社長は持ちませんでした。2人目の中国人留学生はまったく正反対でした。勤勉で真面目でビジネス感覚も素晴らしく、最終的には海外事業部の責任者になります。彼がいなければ同社の外国人採用は永久に失

敗に終わっていたでしょう。

しかし、残念なことに、この２人目の方は、その後、55歳の若さで癌により他界されました。

③採用プロセス

同社は、独自の採用方法を取り入れています。人材開発部の担当者が留学生との接点を持ち、就職活動を支援することで、本音を引き出す努力をしています。短時間の面談では留学生の本音を聞き出すことが難しいため、信頼関係を構築したうえで、来日した理由などを引き出しています。それは、なかには「アニメが好きだから日本にきた」「諸外国に留学するより学費が安いので日本にきた」「遊ぶために日本にきた」という理由も多くみられるからです。

また、外国人雇用サービスセンターや大学のコンソーシアム、ＮＰＯなど多様な団体と連携し、多くの留学生と接点を持っています。合同説明会やインターンシップの受け入れにも参加しています。

さらに、留学生の就職支援を行い、さまざまな相談を受けることで信頼関係を構築しています。そして、入社を希望する留学生のなかから同社の採用基準に合致した人物を採用しています。同社の採用基準は、海外事業部では、ＴＯＥＩＣ８００点以上、日本語検定Ｎ１取得者に限定しています。他部門での採用もＮ１が必須条件です。これに加え、日本が好きでビジネス感覚を持つ人材です。多くの候補者と会うことにより、最適な人材を見つける努力を続けています。

④外国人労働者を雇用するメリット

外国人労働者を雇用するメリットは大きく三点ありました。

まず、海外取引が大きく拡大しました。当初は社長が一人で海外取引を行っていましたが、外国人労働者の採用を重ねることで海外事業部を立ち上げることができました。その結果、中国やタイへの販路が確立されました。

次に、輸入商材を「独自ブランド」で販売するにあたり、「日本語のカタログ」を作成する際に欠かせない知識、機械専門用語を含む翻訳を外国人労働者が担いました。

最後に、外国人の長年の雇用経験により、お互いの文化の違いを受け入れ、協力しあう職場環境と風土、価値観が醸成されました。外国人労働者を受け入れて30年以上が経過し、外国人と日本人の分け隔てのない職場環境が当たり前になっています。

⑤成功事例と失敗事例

同社が初めて外国人労働者を雇用した際には、入国管理局への手続きや採用した中国人留学生の退職など、数々の困難に直面しました。しかし、この経験を通じて求職者と企業の価値観を統一させることの重要性を学び、在留資格手続きのノウハウも得ることができました。二度目の採用では、この教訓を活かし成功を収めました。外国人労働者が会社の海外事業部の次長（コア人材）へと成長したのです。最初から自社が求める人物像を明確にしておくことで、同社と価値観が一致した応募者が集まるようになりました。

価値観の一致した人を採用することが重要です。価値観の一致により、会社と労働者双方にとって有益な関係が築かれるからです。

初めて採用した外国人が職場とあわない場合、外国人雇用に対する先入観から、もう二度と外国人を採用したくないと考える会社もありますが、それはチャンスを無にします。外国人であっても日本人であっても、その人が会社の価値観と一致するかどうかが大切だと感じています。

⑥今後の展望と課題

今後も外国人労働者の雇用を積極的に進める予定であり、インドネシア人の採用も視野に入れています。しかし、日本語検定Ｎ１とＴＯＥＩＣ８００点以上の語学力を持ち、日本が好きで、日本で働く意欲のある人材を見つけることは難しいことです。ましてや多数の企業のなかから「エバオンに入社したい」と思ってもらえる人材に出会うことは奇跡に近いことです。だからこそ、多くの留学生との接点を持ち、彼、彼女らと会い続けています。

このような取り組みを通じて、同社は外国人労働者の雇用を成功させ、今後も継続的に成長していくことを目指しています。

4　特定非営利活動法人加楽（介護／在留資格：日本人の配偶者など）の事例

①法人概要

特定非営利活動法人加楽は、２００７年10月に設立され、現在では2か所のデイサービス、１か所の訪問介護事業所、１か所のケアプランセンターを運営しています。ＮＰＯ法人の代表者は合同会社集楽の代表を兼ねており、そちらの事業所でも外国人労働者を雇用しています。

同法人では、ペルーやフィリピンなどの定住外国人を積極的に受け入れています。特に、ペルー人労働者が10年前から勤務しており、初任者研修などの資格を持っています。この方は現在、母国での家族の介護のため休職中ですが、同法人での勤務は高く評価されています。現在は、フィリピンの方が介護の業務に従事しています。

②雇用することになるきっかけ

同法人の代表はケアマネジャーとして各家庭を訪問していました。この地域は、全体の約5％が44か国からの外国人の住民で構成されています。そのため、日本人が介護を担当することも重要ですが、時には同郷の方に介護をしてもらうことも大切ではないかと考えるようになりました。つまり、多様な人々が互いに支えあうことができるのではないか、という考えに至ったのです。

ちょうどそのころ、「特定非営利活動法人 街かどケア滋賀ネット」が滋賀県からの委託を受け、定住外国人に対して初任者研修を行い、日本での就労を支援する外国人介護職員養成研修を開催することになりました。この事業は、滋賀県介護職員人材育成・確保対策連絡協議会外国人介護職員養成部会において外国人にかかわる8団体が約1年間にわたって協議を重ね、外国人介護職員養成研修のプログラムを最適化した結果生まれたものです。この取り組みは10年以上続いており、ＮＰＯ法人をはじめとする多くの事業所で外国人労働者が活躍しています。

③雇用するメリットと直面した課題と対策

定住外国人を受け入れる前は、一部のスタッフから「なぜ外国人を採用するのか?」という疑問の声が上がっていました。そのため、スタッフ全員に理解してもらうために、何度もミーティングを重ね、最終的には理解を得ることができました。実際にペルー人女性を初めて雇用してみると、彼女の働きぶりは丁寧で熱心であり、ご利用者やそのご家族からも高い評価を受けました。それがきっかけで、スタッフたちも彼女に一目置くようになりました。最初の2年間は、時折ぎくしゃくすることもありましたが、現在ではそうした問題はほとんどみられません。彼女が熱心に働いてくれる理由としては、二つの要因が考えられます。

一つは、彼女が介護に興味を持ち、やりがいを感じながら仕事に取り組んでいることです。もう一つは、彼女が長年日本に住んでおり、以前は工場などで派遣労働者として働いていた経験があることです。その当時は、会社の調整弁としての役割でしかなく、忙しいときには仕事がありますが、暇なときには不安定な状況に置かれていたそうです。そのため、彼女は安定した仕事を強く望んでいるのです。

④職場環境とサポート体制

外国人労働者が業務を円滑に行えるよう、日本語のサポートとして、漢字にふりがなやルビを振ったり、業務マニュアルを作成したりしています。また、写真を用いたデジタル表示を行うことで、視覚的に理解しやすい環境を整えています。さらに、ＩＣＴを活用し、Ｇｏｏｇｌｅ翻訳を使ってコミュニケーションをサポートしています。生活面のサポートに関しては、定住外国人であるため特別な生活支援は必要ありませんが、家族の体調不良などに対して柔軟に対応しています。この対応は日本人スタッフと同様のものです。

⑤コミュニケーションの工夫

専門用語や抽象的な言葉に対する理解を深めるため、週に一度の勉強会を開催しています。この勉強会でも、身体表現や言葉を用いて説明し、理解を助けるために漢字にひらがなやルビをつける工夫を行っています。例えば、「尊厳」「移乗」などのように伝わりにくい言葉の場合は、認識もずれやすいので注意が必要となります。

文化の違いでは、特に食事提供時にそれが顕著になることがあります。そのため、料理の盛りつけ方については事前にサンプルを提示し、写真を使って視覚的に説明することで、外国人労働者だけでなく日本人スタッフにとってもわかりやすくなるよう工夫をしています。また、コミュニケーションの改善にも力を入れており、抽象的な言葉や曖昧な表現を避け、具体的な指示を出すよう努めています。これに加えて、理解を助けるために視覚的な資料を提供することで、外国人労働者とのコミュニケーションを円滑に進めることを目指しています。

⑥成功事例とその理由

定住外国人を雇用してよかった点は、利用者やご家族から、「彼女がいるおかげで安心している」というお褒めの言葉をいただけることで、安心して仕事を任せることができています。また、スペイン語やポルトガル語に対応できることも大変助かっており、多様なニーズに応えることができるようになりました。これにより、利用者の満足度が向上し、信頼関係も深まっています。

⑦失敗した事例と学んだ教訓

定住外国人のスタッフが家族の事情などで休む際は、業務の調整が難航しました。しかし、家族を大切にする価値観を理解し、事前に柔軟な休暇やシフト調整を確保する重要性を学びました。この教訓を活かし、現在では、スタッフ全員が互いの価値観を尊重しあい、急な休みが発生してもスムーズに対応できる体制が整えられています。

⑧今後の展望と課題

同法人では、外国人労働者の熱心な働きぶりや高い定着率を高く評価しており、今後も機会があれば積極的に外国人労働者を雇用していきたいと考えています。しかし、課題として会話ができる一方で、読み書きや曖昧な表現への配慮を怠ると、知らないうちにコミュニケーションギャップが生じる可能性があります。そのため、受け入れ側がこの点に対して十分な認識を持つことが重要です。

5　滋賀県国際介護・福祉人材センター（監理団体・登録支援機関）の事例

①センター概要

滋賀県国際介護・福祉人材センターは、滋賀県内での外国人介護人材の受け入れを支援することと外国人介護人材の質向上を図る研修事業や交流会を運営するために設立されました。

同センターは、２０２０年４月、一般社団法人滋賀県介護老人保健施設協会の一部として設立されましたが、開設当初は、コロナ禍の影響で本格的な活動に制約がありました。それにもかかわらず、センターは外国人労働者の採用を促進し、地域社会の人手不足解消に貢献しています。

②センター設立の背景と使命

同センターが誕生した背景には、10年以上前から滋賀県内で外国人労働者の重要性が高まっていたことがあります。人手不足に対応するため、滋賀県人材確保対策連絡協議会が中心となり、現在のセンター長と協力者たちによって、同センターの設立が実現しました。同センターは滋賀県からの委託事業として、介護分野に特化した監理団体および登録支援機関として、外国人介護人材のマッチングや支援を行い、地域の介護業界を支えています。また、介護専門学校と連携して留学制度でのマッチングも実施しています。

③支援活動と課題

同センターは、技能実習生、特定技能外国人、留学生を対象に、外国人介護人材を受け入れる事業者への相談支援やマッチングサービスを提供しています。現在、同センターでは１００名以上の外国人介護人材を支援しており、彼、彼女らの多くは中国、フィリピン、ネパール、ミャンマー、タイ、ベトナム、インドネシアなどからきています。当初は、中国の送り出し機関とのつながりが強かったため、中国人の受け入れが多かったのですが、コロナや円安の影響もあり、現在ではフィリピン、ネパール、ミャンマーの人たちが増えています。近い将来には、さらに30名の入国と20名の面接が予定されています。これにより、同センターの活動がさらに拡大し、より多くの外国人介護人材が日本の職場に適応できるようになることが期待されています。

外国人労働者のなかには、単にお金を稼ぐだけでなく、安心して生活を送りたい、資格を取得したいと考える人も多くいます。こうしたニーズに応えるため、同センターは信頼される存在であり続けることを目指しています。また、住居の確保、健康管理、宗教や食事に関する問題などでは、文化や国によって異なるニーズに対応する必要があります。その一環として、ストレス軽減のためのイベントや日本語学習の支援も行っています。

また、介護職員としてのスキル向上、資格取得や不安軽減などを図るための研修事業や交流会を実施しています。

④同センターの特徴

同センターの特徴の一つは、センター長が介護の現場で長年働き、介護に精通している点です。

このため、介護業界の特有のニーズを理解し、現場に即した支援を提供することが可能です。また、同センターは海外との強いパイプを持っており、特に設立当初は中国とのネットワークが信頼関係を築くうえで大きな役割を果たしました。これにより、事業者にとっても話しやすく、声を聞きやすい機関として信頼を得ています。

⑤成功事例と課題

同センターの成功事例の一つとして、中国からの技能実習生の受け入れが挙げられます。最初は日本の敬語文化に抵抗を感じていた彼女も、現場での実習を通じて、その重要性を理解し、日本社会に適応していきました。このような成功事例は、外国人労働者が日本で長期的に活躍するための支援がいかに重要かを示しています。また、事業所を訪問するたびに、「外国の人材が頑張ってくれていて助かっている」と聞くと、「やってきて良かった」と感じるとセンター長は言います。

最近でも、外国の人材のなかから初めて介護福祉士の資格を取得した方が出てきました。資格を取得し、活躍している姿が、同センターにとって、大きなやりがいとなっています。

一方で、同センターが支援している事業所のなかには、マッチングがうまくいかずに、５名が帰国してしまったケースもあります。雇う側、雇われる側の双方に課題があるため、このようなミスマッチが起きるのです。そのようなことを減らすために、事前のヒアリングをしっかり行うことや、事業所内で外国人労働者の「お父さん」「お母さん」「お兄さん」「お姉さん」となるような存在をつくってもらうなどのアドバイスを行っています。

⑥今後の展望

同センターの今後の目標は、技能実習生・特定技能外国人が資格を取得し、日本で長期的に働けるよう支援を強化していくことです。特に、介護福祉士の資格取得を目指すためには、勉強する環境を整えることが不可欠です。日本人にとっては、自宅で学校の宿題をすることが当たり前ですが、そうした習慣が根づいていない国もあります。そのため、食堂などの公共スペースが空いている時間を活用して、自由時間に勉強に取り組む習慣や環境を整えることが重要です。また、資格取得において、日本語が大きな障壁となるケースも少なくありません。外国人労働者が日本語を十分に理解し、資格取得に向けた学習を進められるよう、適切なサポートや対策を講じる必要があります。さらに、外国人労働者を受け入れる地元企業や地域社会の理解を深め、よりよい職場環境を整えるための取り組みも進めていく予定です。

同センターは、国籍にかかわらず質の高い介護サービスを提供するための職場づくりに取り組み、将来的には、外国人労働者がリーダーとして活躍できる場を創出していくことを目指しています。

6　株式会社クローバー（登録支援機関）の事例

①企業概要

株式会社クローバーは、２０１０年から総合人材サービスを中心に展開している会社です。おもな業務は、人材派遣業や人材紹介業、業務請負業で、登録支援機関としても活動しています。

特に、ミャンマーやネパールからの特定技能労働者の受け入れや、日本国内に住むブラジル出身の定住外国人を事業所に派遣する業務を行っています。これらの外国人労働者は、おもに介護や農業（野菜や果物の栽培など）の分野で活躍しており、同社は生活面での支援に特に力を入れています。

②採用プロセスのサポート

外国人労働者の採用においては、送り出し機関と連携し、オンライン面談を通じて希望者が「本当に日本で働きたいのか」を確認することに努めています。送り出し機関で面接対策を受けている希望者が、あらかじめ想定される質問を覚えて日本語で話す場合もあるため、それを見極めるために事前準備のない質問を行うことにしています。

③コミュニケーションと適応支援

外国人労働者がホームシックになるケースはほとんどなく、むしろ日本の利便性や安定した生活環境を多くの方が評価します。また、農業や介護の仕事にも抵抗はほとんどありません。農業は家族が従事しているケースも多く、介護は祖父母の面倒をみる習慣があるためです。職場での適応もスムーズで、老人ホームの利用者から日本語を教えてもらう場合もあります。外国人労働者同士でも、相性が悪いと口論が起きる場合はあります。そのような場合、勤務セクションや住居の調整が必要となり、通訳を交えての調整が行われます。

④生活支援と課題解決

生活支援は多岐にわたります。病院への同行、通訳の手配、携帯電話の契約など、日常生活に必要なサポートを行っています。特に、住居の確保が難しい地方の事業所では、賃貸物件が見つからない場合には、オーナーの自宅の一室を借りるなど、柔軟な対応を行っています。

また、宗教的な配慮として、ヒンドゥー教徒が牛肉を避けられるように食事に気を配るなど、文化的背景を理解した支援も実施しています。

⑤成功事例と課題

登録支援機関として重要なことは、企業が「良い人材を連れてきてくれた。またよろしくお願いします」と言ってくれるような信頼関係を築くことです。一度外国人労働者を受け入れた企業は、最初こそ懸念を抱いていることが多いものの、実際に働かせてみると、その勤勉さや努力に感銘を受け、再度の雇用に前向きになるケースが多いのです。特に、外国人労働者が家族のために一生懸命働きたいという明確な目標を持っている場合、企業側からの評価も非常に高いものとなります。

具体的な課題として、農業分野での就労条件としての自動車免許の取得が挙げられます。外国人労働者が母国で取得した免許を日本の国際免許に切り替えるとき、試験に合格できなかったことがありました。しかし、何度も試験に挑戦し、最終的には合格して、現在も農業に従事しているというケースがあります。

⑥外国人労働者の教育と適応支援

外国人労働者に対する教育プログラムも重要な役割を果たしています。特定技能で介護に従事する外国人労働者が介護福祉士の資格を取得するため、日本語教師の紹介や日本語教育の支援を行っています。これにより、彼、彼女らが日本での生活と職場にスムーズに適応できるようサポートしています。

⑦新たな制度への適応と展望

技能実習制度の廃止と新たに導入される育成就労制度に関して、同社は、さらに積極的に外国人労働者の受け入れを拡大していく必要があると考えています。

これは、地方の労働市場が深刻な人手不足に陥っており、現場のニーズに対応できる人材が不足しているためです。特に、外国人労働者が働ける業種や職種が限られている企業では、存続の危機に直面するケースもみられます。これまではシニア人材がそのギャップを埋めていましたが、シニア層も地域内で取りあいの状況となり、企業が必要な人材を確保することは、より難しくなっています。

⑧外国人労働者の受け入れに関する課題と対策

企業が外国人労働者を受け入れる際、企業側の人手不足に対する認識が十分でないケースが多くみられます。また、前述のように地方での人手不足は特に深刻です。そのため、企業には長期的な人材戦略を立てることが求められています。5年、10年といった長期的な視野での事業計画の策定、従業員の年齢構成や性別の把握を行うなど、計画的な外国人労働者の採用が重要となっています。

７　外国人労働者Ｒさんの事例（在留資格：留学生→技人国→永住）

①基本情報

Ｒさんは中国出身で、２０００年に留学生として来日しました。国際文化を学び、日本で学んだことを活かしたいという思いから、日本での就職を決意しました。（２０２４年時点で）45歳で、大学卒業後は「技人国」の在留資格を取得し、さらに5年後に永住権を取得。日本で15年以上、中国貿易における企画・営業の業務に従事しています。

②日本での就労

大学時代、掲示板を見て会社説明会に参加し、就職活動を行いました。当時、外国人留学生は少なく、日本での就職は難しかったものの、粘り強く面接を受け続け、現在の会社に就職することができました。就職活動中、留学生支援協議会や国際センターの相談員の方々に多くのサポートを受け、大変お世話になったとのことです。

最初の職場では、日本語に不安がありましたが、会社の方々が温かく接してくれたことが印象に残っていると話しています。特に、試用期間の3か月間やその後の研修では、日本人と同様のサポートを受け、専門用語を学ぶ機会に恵まれました。

③生活面

留学生時代、住んでいたアパートの環境が悪く、ゴキブリが出ることもあり、大変苦労しました。日本の食文化にもなかなか慣れることができず、納豆や刺身が苦手でした。なかでも特に苦労したのは言葉の壁で、価値観の違いなどが伝えられず、相互理解が難しかったと振り返っています。

しかし、現在は同郷の方と結婚し、日本での生活にもすっかり馴染んでいます。夫とは時々喧嘩をしますが、本音をぶつけあえる関係で、サポートもしてもらっています。今では地域社会とのかかわりも大切にしており、近所の方への挨拶を心がけているとのことです。

④職場環境

Rさんは職場でのコミュニケーションにおいて、言葉の壁に苦しむことがありました。特に留学生時代、喫茶店でのアルバイト中に、日本語の聞き間違いからシフトを間違え、叱られた経験があります。

また、日本社会における「本音と建前」の存在を強く感じたとも話しています。例えば、勤務先では有給休暇を積極的に申請する雰囲気がなかったものの、母国に帰るために1週間の有給休暇を申請しました。申請自体は受け入れられましたが、他の従業員が有給休暇を取っていないため、気まずい雰囲気を感じたそうです。ほかにも同僚から「あなたは偉いね」と言われたとき、当初は褒め言葉だと思い喜びましたが、後にそれが皮肉であったと気づいたこともありました。このように、外国人にとっては言葉だけでなく、日本語独特の微妙なニュアンスや「本音と建前」を理解することが難しく、その点で苦労したと振り返っています。

⑤将来の展望

Rさんは、将来的に中国への帰国を考え始めています。両親が高齢になり、定年まで日本に留まるのは難しいと感じているためです。今後2~3年働いた後、親の介護を考慮し、中国に戻る可能性があるとのことです。帰国後は一人で起業することを目指しており、両親の面倒をみながら働くには、それが最善の方法だと考えています。

日本に両親を呼び寄せることも検討しましたが、両親には短期の在留資格しか与えられないことや、両親自身の住み慣れた場所で暮らしたいという希望などが、帰国を考えるきっかけとなったのです。

⑥日本で働くことのメリット・デメリット

Rさんは、日本で働くメリットとして、日本の表面的美しさだけでなく、「本音と建前」といった日本社会の現実の裏側をみることができた点を挙げています。また、日本の職場で責任を持って仕事に取り組む姿勢を学び、効率的に業務を進めるために工夫を重ねる姿勢から、多くのビジネススキルを身につけたと感じています。一方で、言葉の壁が大きな障害となり、コミュニケーションや仕事の進行において課題となったと振り返っています。

⑦他の外国人労働者へのアドバイス

まず、日本語をしっかり学ぶことと、「本音と建前」という文化を理解することが重要だとRさんは述べています。また、親が高齢になると生活が難しくなるため、老後のプランも考えておくべきだとアドバイスします。

⑧政府への提言

Rさんは、外国人労働者が日本で税金の扶養制度を利用する際に感じている負担を軽減するために、いくつかの改善点を提案しています。

まず、送金にかかる手数料についてです。外国にいる家族へ毎月送金する際、手数料が高いため、実際に家族が受け取る金額が減ってしまうことが多くあります。例えば、2万円を送金しても、手数料として約5000円が差し引かれてしまうため、家族が手にするのは1万5000円程度になってしまいます。さらに、円安の影響も考えると、毎月送金するよりも一度にまとめて送金する方が家族にとって有利な場合が多くなります。しかしその結果、扶養制度を利用しづらくなることがあるのが現状です。

また、扶養制度に関連する手続きが煩雑で、書類の提出に時間や手間がかかると感じています。これに対しては、デジタル化やオンライン申請の導入が進めば、手続きをより簡単に行えるようになり、外国人労働者の負担が軽減されるのではないでしょうか。

さらに、家族を日本に呼び寄せる際の手続きが複雑であることも、多くの外国人労働者にとっての大きな課題です。もし手続きがもう少し簡素化され、必要な書類や手順が明確になれば、家族と安心して生活できる環境が整い、外国人労働者にとっても大きな助けとなるとRさんは考えています。また、永住権を取得した外国人の親が日本で滞在する際に、長期ビザの取得などを支援してほしいとも考えています。

これらにより、外国人労働者がより安心して日本で働き、社会に貢献できるようになるのではないでしょうか。

このようなRさんの提案が外国人労働者にとって日本での生活をより快適にし、制度をより利用しやすくする一助となってほしいものです。

8　外国人労働者 Katia López Ríos（カティア・ロペス・リオス）さんの事例（在留資格：短期滞在→日本人の配偶者など→永住者）

①基本情報

Katia López Ríos（カティア・ロペス・リオス）さんは、1993年にペルーから日本に移住し、現在は特別養護老人ホームで介護士として働いています。ペルーでは中学校の生物教師としての職歴がありますが、当時のペルーではテロの脅威が深刻であり、特にカティアさんの父親が市長という政治家であったため、テロリストから狙われる危険性がありました。そのため、1991年に先に日本へ移住した姉夫婦の勧めもあり、2年後日本へ移住する決断をしました。

②日本での就労

日本での最初の就業は、姉夫婦の紹介による食品会社での勤務でした。初めての日本での生活に戸惑いながらも、徐々に順応していきました。特に、ペルーでは実家にお手伝いさんがいたため、家事などの日常生活の細々としたことに慣れるのが大変だったと語っています。

姉夫婦がしばらくして母国に帰ったことで、不安を感じていた時期もありましたが、日本人男性と結婚し、その後、大阪の国際交流協会での仕事を経て、現在は滋賀県に移り住み、介護士として働いています。当初はデイサービスで介護の仕事をしていましたが、もともと人の役に立ちたいという気持ちが強かったため、介護の仕事に興味を持ちました。しかし、資格がないために働けないと思っていたところ、資格がなくてもこの仕事ができると聞き、面接試験を受けました。面接時に、採用担当者から「人の役に立ちたいという思いが強いので、介護の仕事に向いていますね」と言われ、就職することができました。食事や入浴の介助、レクリエーションなどの介護の仕事は初めてでしたが、もともと興味があった仕事だったため、楽しくやりがいを持って取り組むことができました。

そして、県主催の定住外国人向けの介護職員初任者研修を受け、現在は特別養護老人ホームで働いています。研修と仕事の両立は時間的に大変でしたが、楽しかったと語っています。正社員になると夜勤が必要になるため、自分の経験不足により迷惑をかけたくないとの思いから、現在はパートタイマーとして働くことを選んでいます。

③生活面

カティアさんにとって、日本での生活や仕事には多くの挑戦がともないました。特に言葉の壁は大きく、最初は困難を感じましたが、自分自身の成長のために努力を続けました。ペルーでは日常の家事などをお手伝いさんに任せていたため、何から覚えればよいのかわかりませんでしたが、がむしゃらに頑張ってきたと振り返ります。

また、文化的な違いにも戸惑いました。例えば、お風呂で裸になる習慣などはペルーにはなく、驚いたこともあったそうです。

しかし、食事面では、現在の夫がペルー料理の調理師であり、ペルー料理をつくってくれるので、問題はないとのことです。さらに、数年前より県警からスペイン語の通訳の依頼を受けることもあり、地域への貢献も行っています。

④職場環境

現在は職場でのコミュニケーションもとりやすくなり、介護の仕事に大きなやりがいを感じています。利用者を自分の親のように思い、心からよいサービスを提供できるよう努めています。施設では、毎月、食事介助などのスキルアップのための研修が行われており、積極的に参加しています。

⑤将来の展望

もともと人の役に立ちたいという思いが強く、介護の仕事は天職だと思っており、今後も続けていきたいと考えています。これからはさらに介護の勉強を進め、最終的には介護福祉士の資格を取得したいと考えています。

⑥日本で働くことのメリット・デメリット

カティアさんは、日本で働くことのメリットとして、学ぶ姿勢があれば熱心に教えてくれる環境が整っており、キャリアを積むことができる点を挙げています。

一方で、言葉の壁がコミュニケーションの障害となるデメリットもあると感じています。特に、言葉がわからない場合、何をすればよいのかわからず、行き詰まることもあると述べています。しかし、そうした状況でも、自分には必ずできるという気持ちを持つことが大切だと考えています。

⑦他の外国人労働者へのアドバイス

カティアさんは、介護の仕事は誠実な態度を持ち、心から相手に寄り添うことが非常に大切だと考えています。食事の際、利用者に合わせた介助をせず、ただ早く食べさせようとする職員もいますが、そのような心構えでこの仕事に取り組んでほしくありません。自分が高齢になったときに受けたいと思えるような介護を実践してほしいと願っています。また、日本で初めて働く際には、言葉の壁をはじめさまざまな障害が出てくることがありますが、それらをできないと思わず、自分を信じて努力を続ければ、必ず成果が出ると信じ、最後まで諦めないことが大切だと強く語ってくれました。

9　外国人労働者Aさんの事例（在留資格：留学生→文化活動→教授→文化活動）

①基本情報

Aさんはバルト三国出身で、2009年に来日しました。以前は英会話講師や芸術関連の仕事をしていましたが、博士号取得の後、大学で准教授として働いていました。Aさんは留学生として来日し、日本学や芸術に関する研究を行い、博士号を取得しました。そのため、日本での就職は専門性を活かすための自然な選択だったと語っています。

②日本での就労

Aさんが日本で就職する際、履歴書や研究業績、推薦書などを提出し、これらの書類を通じて自分の専門知識と経験をアピールしました。彼女の職務経験は広範囲にわたり、英会話講師や芸術関連の仕事を経て、大学の准教授として教鞭を執りました。

その契約期間が終了したため、現在は新たな仕事を探しています。

「職場環境はマネージャーの質に大きく依存することが多く、よいマネージャーの下では職場が円滑に回る一方、そうでない場合にはトラブルが発生しやすくなり、また、教育訓練も、しっかりと指導を受けられる職場もあれば、『見て覚えてください』という方針の職場もあり、その差異に戸惑うことがあった」とAさんは話しています。最終的に、職場環境は会社やマネージャーの姿勢次第で良くも悪くもなると感じたそうです。

③生活面

日本での生活において、Aさんは大きなカルチャーショックを感じることはありませんでした。それは、来日前から日本語学の研究に集中していたため、典型的な日本の文化や習慣に対する驚きが少なかったからです。しかし、住まいに関しては、留学生時代は寮生活で問題がなかったものの、一人暮らしを始めてからは、外国人であることを理由に入居を断られることがあり、苦労したと話しています。

④職場環境

Aさんは職場での日本の「おもてなし」文化についても言及し、その多くは好意的なものであったとしつつも、外国人に対する配慮が欠けていると感じる場面もあったと述べています。例えば、歓迎会でのビュッフェスタイルの食事において、ベジタリアンやビーガンへの配慮が不足していると感じたことがありました。サラダ一つとっても、ドレッシングに動物性の食品が含まれているかどうかを気にする方もいるのです。また、同僚の外国人労働者のなかには、宗教的な理由での食事制限がある場合もありました。そのため、Aさんは真のおもてなしとは、相手の立場に立ち、その人のニーズに応えることだと考えています。

そのほか、職場によっては、トレーニングやスキルアップの機会の提供もあったとのことです。

⑤将来の展望

現在、Aさんは新たな仕事を見つけるために挑戦を続けています。前職では非常にやりがいを感じていたため、同じ方向性の職を探しています。

⑥他の外国人労働者へのアドバイス

Aさんは、外国で働くうえで重要なこととして、経済的・精神的な独立を挙げています。外国での生活は、孤立感やビザなど、さまざまな問題がともないます。そのため、外国人労働者には、自分自身をしっかりと持ち、困難に立ち向かう力が必要だと助言します。

⑦日本で働くことのメリット・デメリット

日本で働くことのメリットとして、Aさんは治安の良さや歴史の深さ、そして社会保険などのセーフティネットの充実を挙げています。特に、日本の健康保険制度には非常に満足しており、手術を受けるなどの際に、その充実度と手厚いサポートが非常に助かると感じています。Aさんの友人はアメリカやイギリスに住んでいますが、日本のような制度はないとのことです。

一方、デメリットとして、外国人労働者を雇用する企業に、ビザの取得や雇用制度についての理解が不足していることを挙げています。例えば、「ビザのためにこの書類が必要です」と伝えても、何の書類か理解してもらえないことがありました。また、事務担当者が頻繁に異動するため、ビザ関連の対応がスムーズにいかないこともあります。これらについて、企業がより理解を深めることにより、外国人労働者が安心して働ける環境が整うことを願っています。

⑧政府や企業への提言

外国人が母国以外の国で働く際に、永住権の取得が難しい状況はどの国でも共通しています。そのため、企業には外国人労働者を雇う際に、ビザに関する知識をしっかりと学び、適切なサポートを提供してもらいたいと、Ａさんは述べています。

10　外国人労働者Ｂさんの事例（在留資格：留学生→技人国）

①基本情報

現在、Ｂさんは接客販売の仕事に従事しており、契約社員として働いています。同じ会社で６年目を迎えており、豊富な経験があります。

来日前はスリランカにある日本企業で、子供向けの出版物の編集を担当していました。彼女が日本で働くことを決めた理由は、日本が好きでどうしても日本で生活したいという強い意志からでした。家族、とりわけ母親からは反対を受けましたが、自らの意志を貫き、来日しました。留学生として日本の大学で4年間学び、その後、そのまま日本で就職することになりました。

②日本での就労

日本での仕事探しは決して容易ではありませんでした。大学のキャリアセンターを何度も訪れましたが、思うような進展がなく、自ら採用エージェントに登録して面接を受けました。しかし、そのエージェント経由でも就職先は見つからず、最終的には友人の紹介で、ようやく現在の職に就くことができました。

最初の職場での彼女の印象は、日本人はとても親切で思いやりがあるというものでした。しかし、異動が多い仕事のなかで、人間関係のしがらみや時にはいじめを経験することもありました。

現在、彼女は接客・販売のサービス業に従事し、発注や書類作成、店舗管理など幅広い業務を担当しています。職場での教育はＯＪＴが中心で、彼女自身もその方式に従って学んでいます。

③生活面

生活面では、住居探しに大きな困難はありませんでした。留学時には大学から紹介を受け、その後も転職の際には不動産会社に助けてもらい、スムーズに住居を見つけることができたそうです。日本での食文化にも特に問題は感じておらず、快適に暮らしています。

日常生活においては、頼りにしている年配の日本人の方がいて、その方の支えがあったからこそ頑張ることができたと感じています。

④職場環境と永住権

職場では、彼女がコミュニケーションに長けていることが嫉妬の対象となり、時には女性職員から男性職員との会話で怒られることもありました。また、多言語に精通しているという彼女の優秀さが嫉妬の要因となってしまうという、困った経験もしました。しかし、フランクに話せる身近な人がいることで、多くの面で救われたとも感じています。

労働条件に関しては、給与が低く、ボーナスがないことから、契約社員の厳しさを感じています。

永住権を取得したいと思っているものの、年収３００万円以上という条件を満たしておらず、そのために転職を検討している状況です。

将来的には、前述のように永住権を取得し、これからも日本で働きたいと考えています。しかしながら、永住権のハードルは高いと感じています。

⑤日本で働くことのメリット・デメリット

Bさんが日本で働くことのメリットとして挙げるのは、母国にいたときよりも自己成長ができたこと、そして日本に馴染んでいるということです。仕事のやり方や技術を学んだことについては本当によかったと思っています。

一方、デメリットとしては、現在の会社での教育が不十分であることを挙げています。しかし、総合的にみて、メリットの方がデメリットを上回っていると感じています。

⑥他の外国人労働者へのアドバイス

Bさんは「日本の会社に勤めることがすごいことだ」という日本の会社に就職することが最終目的になってしまう場合が多いので、日本の会社に就職する前に、十分な覚悟と心の強さが必要であると述べています。また、いじめや困難に直面したときに心を平静に保つには、しっかりと周囲を見極めながら、仕事に取り組む覚悟を持つことが重要だと考えています。

⑦企業への提言

企業に対しては、外国人労働者が持つ多様なスキルや能力を尊重し、大切にすることを提案しています。外国人労働者には英語や母国語など、日本語以外にも複数の言語を話すことができる優秀な人材が多くいます（彼女もその一人ですが）。そのような人材を大切にし、適切な評価が得られると嬉しいと語っています。

＊　＊　＊

これらの事例を通じて明らかになったのは、外国人労働者の雇用に成功するためには、受け入れ側の深い理解と継続的なサポートが不可欠であるということです。インタビューを通じて、企業や支援団体の担当者たちが、外国人労働者が職場に適応し、チームの一員として活躍できるよう、多くの努力を重ねていることが浮き彫りになりました。言葉や文化の違いはときに大きな壁となりますが、これを乗り越えるための工夫や支援が成功の鍵であることが確認できました。

例えば、社会福祉法人光養会の事例では、ベトナム人介護技能実習生が日本語を習得し、職場に溶け込むまでのプロセスが丁寧にサポートされていました。有限会社藤山工業は、外国人労働者を採用する際に重要なことは、文化的な背景を理解し、適切なコミュニケーションを図ることと強調されました。エバオン株式会社では、長年にわたる外国人労働者の雇用の経験から、外国人労働者を企業の成長エンジンとして活用する戦略が練られていることがわかりました。

特定非営利活動法人加楽では、地域社会とともに外国人労働者を支援し、外国人労働者が介護分野で活躍できる環境を整えています。同法人は、外国人労働者が職場に適応し、長期的に働き続けるための具体的なサポートを提供しており、これが成功の要因となっていました。

滋賀県国際介護・福祉人材センターや株式会社クローバーの事例からも、外国人労働者にとって地域社会や支援団体の役割がいかに重要であるかがうかがえます。地域社会や支援団体は、外国人労働者が日本での生活や仕事に適応できるよう、きめ細やかな支援を行っており、その成果が確実に現れている

ことが、インタビューを通じて明らかになりました。

さらに、外国人労働者自身の声からも、適切なサポートがどれほど重要であるかが浮き彫りになりました。言葉や文化の壁を感じながらも、周囲の支援によって成長し、職場での貢献度を高めている外国人労働者の体験は、受け入れ側にとっても大きな学びとなるはずです。

＊　＊　＊

本書が、外国人労働者を受け入れたいと考える企業や団体、またはすでに受け入れている事業者の皆様にとって、実践的なガイドブックとなり、多様性を活かした今後の職場づくりに役立つことを願っております。国籍や文化の違いを超えて、ともに働き、ともに成長し、より良い未来を築くための一助となることを心から望んでいる次第です。

山田真由子（やまだ　まゆこ）

山田真由子社会保険労務士事務所代表。

採用・定着・育成の専門家。

社会保険労務士としての業務に加え、コンサルタント、講師、著者としても活動。法的な視点にとどまらず、キャリアや心理学の観点を取り入れた統合的なアプローチで、労務問題の解決に取り組んでいる。人事労務に28年の経験を持ち、23年間にわたり経営者や人事・総務部門からの相談に応じてきた。これまでに行ったセミナーは1,500回を超え、相談件数は累計10,000件以上。主な著書に『外国人労働者の雇い方完全マニュアル』、『会社で泣き寝入りしないハラスメント防衛マニュアル』、『すぐに使える！はじめて上司の対応ツール』、『部下を知らない上司のための育成の極意』がある。

よくわかる 外国人雇用マニュアル
新設の育成就労制度の概要

2025年1月10日　第1刷発行

著　　者	山田真由子
発 行 者	千葉弘志
発 行 所	株式会社ベストブック 〒106-0041 東京都港区麻布台3-4-11 麻布エスビル3階 03（3583）9762（代表） 〒106-0041 東京都港区麻布台3-1-5 日ノ樹ビル5階 03（3585）4459（販売部） http://www.bestbookweb.com
印刷・製本	中央精版印刷株式会社
装　　丁	町田貴宏

ISBN978-4-8314-0256-1　C2034